C・G・ユング

心理療法の実践

横山 博監訳
大塚紳一郎訳

みすず書房

Was Ist Psychotherapie? (1935)

Some Aspects of Modern Psychotherapy (1930)

Die Probleme der Modernen Psychotherapie (1929)

Medizin und Psychotherapie (1945)

Die Psychotherapie in der Gegenwart (1946)

Grundfragen der Psychotherapie (1951)

The Therapeutic Value of Abreaction (1921)

The Realities of Practical Psychotherapy (1937)

Die Transzendente Funktion (1958)

by

Carl Gustav Jung

目次

心理療法の実践

心理療法とは何か

善意ある臨床家によって「新鮮な空気」や「冷水の使用」と同時に「心理療法」が推奨されていたのは、それほど昔のことではない。さらに言うと、心的現象によって不可思議なあり方で複雑化したすべての事例において、そのような推奨がなされていたのである。さらに詳しく見てみれば、当時、心理療法という言葉は毅然とした、あるいは父親じみた善意の忠告のようなものだと理解されていたとわかる。たとえばそれは、症状とは単に心的なものであり、したがって病的な想像物なのだと伝える、デュボワに依拠した説得の形式のもののことだったのである。

忠告も時にはよい効果を及ぼすことがある。そのことは否定されるべきではない。しかし現代の心理療法にとって忠告は、現代の外科学にとっての包帯と同じような性質のものなのだ。個人的権威の影響は重要な治療要因のひとつではあっても、唯一のものと言うには程遠く、けっして心理療法の本質を表すものではない。これまで「心理療法」は誰が用いてもおかしくないもののように思われていたが、今日、心理療法は科学、および科学的な方法論となった。神経症の本質、ならびに身体疾患の心的合併症についての認識が深まるにつれ、治療の本質もまた相当に変化し、また分化してきたのである。以前の暗示理論によれば、症状とは反作用によって抑え込まれるべきものであった。この暗示理論はフロイトの精神分析的観点と交代させられることになった。症状の抑制では疾患の原因が取り除かれなかったということ、そして症状とは直接的にせよ間接的にせよ、おそらく病の原因を指し示す道標のようなものなのだということを、この観点はよく心得ていた。三〇年ほど前から一般にその価値が認められるようになったこの新たな観点は、治療に関しても革命的なものであった。この新たな観点は暗示療法とは正反対に、原因の意識化を要求するものだったのである。

暗示による治療（催眠など）はやみくもに手放されたわけではない。その成果が実際に満足のいくものではなかったことが原因で手放されたのである。確かに暗示による治療は比較的容易かつ実際に使用可能なもので、器用な臨床家には大量の患者の同時治療を可能にしてくれるものであった。それによって利益率の高い方法論の、少なくとも幸先いいスタートにはなったかのように思われたのである。ところが、実際の治療成果はあまりにも稀、かつ不安定なものであり、暗示による治療は同時多数の治療という期待された可能性らしきものをそれ以上維持できなかった。もしそれが可能であったならば、臨床家も保険業者もこの方法に固執しようとするあらゆる関心を失うことがなかっただろう。暗示による治療は自らの不十分さゆえに破綻したのである。

フロイトの観点が要求する原因の意識化は、新たな心理療法の形式すべてのライトモティーフ、もしくは基本前提となった。過去五〇年間の精神病理学的研究は、神経症の病因の中心的過程が本質的に無意識的な性質のものだということを明確に示した。他方で臨床的経験は、病因となる内容や過程を意識化することが、暗示よりもはるかに大きな臨床的意義を持つ治療要因だということを明らかにした。これに応じる形でこの二五〜三〇年の間、直接的な暗示にとっては不利に、病のきっかけとなった原因を意識化するという観点を一般に有するすべての心理療法の形式にとっては有利に働く、大きな変化が心理療法の領域に生じたのである。

　すでに示唆しておいたとおり、治療の変化は神経症的障害に関連する、より深化され、より分化された理論と並行して進んでいった。暗示に限定されていた間、治療は非常に控えめな理論的観点に甘んじざるをえなかった。神経症の臨床像とは度を越したファンタジーによる「思い込み」だと理解しておけばよいと見なされ、このような見解からはファンタジーの産物、つまり思い込み上の症状を単純に抑え込んでいくことを目標とする治療が見境なく生まれることになった。ところが、軽率にも「思い込み」として片づけてよいかのように思われていたものは、特定の病の状態の、可能性のある現れ方のひとつにすぎず、その症候論にはプロテウスのような多様性と変容性がある。ひとつ、ないしはその他の症状をようやく抑え込んだと思ったのに、すぐに別の症状がそこに現れる。障害の核には手が届いていなかったということだ。

　ブロイアーとフロイトの影響のもと、いわゆるトラウマ性神経症理論が長きにわたって重きをなし、そしてそれに呼応する形で根源的なトラウマ的瞬間を再び患者に意識化させる、いわゆるカタルシス法が試みられた。そして、この比較的単純な方法と理論にしてすでに、患者に対する、暗示法とはまったく異なる態度を医師に要求するものだったのである。暗示法とは結局のところ必要な決断力を持つ者であれば誰にでも行使可能なものだった。しかし、カタルシス法は個々の事例に対する入念な個別的吟味と、可能なかぎりトラウマ的瞬間を目指していく我慢強い探求の姿勢を要求するものであった。患者が生み出した素材を注意深く観察し、探ることによってのみ、トラウマ的瞬間を布置し、神経症が発生した根源的な情動的状況の除反応に至ることが可能だったからである。その結果として、利益率の高い同時多数治療は不可能とまでは言えないにせよ、非常に困難になった。医師に期待される仕事が暗示の場合よりも質的に高度なものになったというのは確かである。とは言えここでも、その理論の単純さゆえにルーティーンの可能性はかなり広い範囲で存在していた。複数の患者を同時に、トラウマ的記憶の除反応が可能になるリラックスした状態にするということは、原理的に言ってまったく問題とされなかったのである。

　個々の事例をこと細やかに治療していくにつれて、トラウマ理論が性急な一般化だったということはもはや隠しようがなくなった。特定の性的トラウマ、加えてその他のショック作用が時に、そしてある種の神経症の形態にとって問題となるというのは確かだが、すべての神経症の形態にとってそうだとはとても言えない。経験が深まるにつれて、神経症の臨床像を誠実に研究する者であれば、誰の目にもそのことが明らかとなったのである。フロイト自身、トラウマ理論の段階をすぐに乗り越え、抑圧理論をもって世に名乗りを上げた。この理論は以前のものと比べてかなり複雑なものであり、それに応じて治療もまた分化することになった。大半の神経症はトラウマ的事例とはまったく言えず、そのため単なる除反応で目標へと達することは不可能だとわかったのである。抑圧理論は、典型的な神経症とは本当の意味で発達性の障害だということを、よりいっそう考慮に含むものだった。フロイトはこの障害を、幼児－性愛的な心の動きや傾向の抑圧および無意識化と表現している。患者の素材の中のこれらの傾向を追跡するという課題が、こうして理論の中から生まれた。しかし、これらの傾向は定義上それ自体が無意識的なものであり、患者の供述、そして目下のファンタジーの活動を幅広く調べていくことでしか、その存在を証明することができないものだったのである。

概して、そして主に、幼児的な心の動きは夢の中に姿を現す。そのため、フロイトは夢の研究に真剣に取り組んだ。これに伴って、現代の心理療法を個別的治療の方法論とすることの、決定的な一歩が踏み出されたのである。精神分析的治療が同時に複数の、あるいは大勢の患者に適用可能だなどということはありえない。精神分析的治療というものが何であれ、それはルーティーン的な機械作業ではけっしてない。

こうした治療の形式がアードラーと共に「個人心理学的治療」と、あるいはフロイトやシュテーケルと共に「精神分析的治療」と、あるいはそれ以外の名を名乗ろうとも、次の事実はなお残る。すなわち、医学的良心と科学的信頼性を自負するのであれば、現代のあらゆる心理療法はもはや同時多数営業ではありえず、個々の人に十分かつ十全な関心を注ぐことを必要とするものなのである。この手続きに手間も時間もかかるのは必然だ。治療期間をできるかぎり短縮するための試みが何度もなされてはいるものの、これらの試みから非常に勇気づけられる結果が得られたとは、とても言えそうにない。神経症とはたいていの場合、長い年月をかけて築き上げられた誤った発達のことである。それを短期間の集中的なプロセスで修復することなど不可能なのだ。時間こそがかけがえのない治療要因なのである。

神経症は——まったくもって不当なことに——いまだに軽症の病だと見なされているが、それは主に神経症が触診可能な身体的性質のものではないという理由によるものだ。神経症で人が「死ぬ」ことはない、と——まるで身体疾患ではいつでも死に至る結果が迫りくるとでも言うかのようではないか。神経症が——身体疾患とは比較にならないほど——時にその人の心的および社会的帰結にとって著しく有害であり、たいていはそれだけで患者を社会的孤立へと、さらには無力化させるに至る精神病よりもさらに重篤な場合が多いということが、すっかり忘れられてしまっているのである。強直した膝、切断された脚、何年も続く肺結核などといったものも、あらゆる観点から見て、重篤な神経症に比べればまだましというものだ。神経症が単に医療的観点だけではなく、むしろ心理学的および社会的観点から検討されるようになれば、それが本当は重篤な疾患であり、環境および個々人の生き方への影響という観点から見れば特にそう言えるとの結論に至るはずである。医療的観点だけでは神経症の本質を正当に評価することにはならず、またそうすることもできない。神経症は狭義の疾患である以上に、心理社会的現象であるからだ。神経症とは、機能に障害を抱えた個人の体という考えを超えて「病」という概念を拡張し、神経症を患った人のことを病んだ社会的関係性のシステムと見なす

読者カード

みすず書房の本をご愛読いただき，まことにありがとうございます．

お求めいただいた書籍タイトル

ご購入書店は

・新刊をご案内する「パブリッシャーズ・レビュー　みすず書房の本棚」（年4回 3月・6月・9月・12月刊，無料）をご希望の方にお送りいたします．

（希望する／希望しない）

★ご希望の方は下の「ご住所」欄も必ず記入してください．

・「みすず書房図書目録」最新版をご希望の方にお送りいたします．

（希望する／希望しない）

★ご希望の方は下の「ご住所」欄も必ず記入してください．

・新刊・イベントなどをご案内する「みすず書房ニュースレター」（Eメール配信・月2回）をご希望の方にお送りいたします．

（配信を希望する／希望しない）

★ご希望の方は下の「Eメール」欄も必ず記入してください．

・よろしければご関心のジャンルをお知らせください．
（哲学・思想／宗教／心理／社会科学／社会ノンフィクション／教育／歴史／文学／芸術／自然科学／医学）

（ふりがな） お名前　　　　　様	〒
ご住所　　都・道・府・県　　市・区・郡	
電話　（　　　）	
Eメール	

ご記入いただいた個人情報は正当な目的のためにのみ使用いたします．

ありがとうございました．みすず書房ウェブサイト http://www.msz.co.jp では刊行書の詳細な書誌とともに，新刊，近刊，復刊，イベントなどさまざまなご案内を掲載しています．ご注文・問い合わせにもぜひご利用ください．

郵便はがき

料金受取人払郵便

本郷局承認

2074

差出有効期間
2019年10月
9日まで

113-8790

東京都文京区
本郷2丁目20番7号

みすず書房営業部
行

通信欄

（ご意見・ご感想などお寄せください．小社ウェブサイトでご紹介させていただく場合がございます．あらかじめご了承ください．）

よう、強く促すものなのである。このように見解が修正されたならば、神経症の本物の治療とは手間がかかり、そしていかなる観点からしても複雑な事柄なのだということに、驚きが生じることもなくなるだろう。

神経症の患者数、特に器質性疾患の心的合併症の頻度はきわめて多く、たとえそのことに気づいていなかったとしても、これは一般医にとってじつに大きな問題である。こうした事実に、大学の医学部は残念ながらほとんど関心を寄せてこなかった。医学部の教育課程はこうした重要な観点に関連するいかなる準備も提供しておらず、臨床的にきわめて重要なこの領域に関する情報が多少なりとも得られる機会がまったくないということも非常に多い。

現代の心理療法のはじまりは主にフロイトの功績に基づくものだが、仮に――よく起こりがちなことなのだが――心的治療とはもっぱらフロイトの「精神分析」と同一のものだと考えてしまったならば、その人はまったくの思い違いを犯していることになる。フロイト自身、そして自分たちの性理論と方法論こそが唯一正しいものだとセクト的なあり方で考えるフロイトの信奉者たちによって、こうした誤りは助長されている。けれどもアードラーの「個人心理学」もまた、過小評価することなどできない貢献であり、そしてそれゆえに心理学的観点のひとつの拡張なのである。精神分析の理論と方法論にはじつに多くの正当性と真実がある。ただし、その正しさは本質的に性的な関係性のシステムに限定されており、このカテゴリに収まらない物事は何も理解できない。アードラーが明らかにしたのは、少なくない数の神経症がそれとはまったく異なるやり方で、よりうまく説明可能だということであった。

見解のこうした新たな発展が治療的に目指しているのは、病を引き起こす内容や傾向を意識化することだけではなく、それ以上に、それらを単一の根源的本能へと戻すということ（還元）である。そうすることで、人間の自然で損なわれていない本質が回復すると考えられている。こうした治療的意図はただ単に賞賛すべきものだというだけではなく、臨床的かつ論理的であり、そして有望なものでもある。それ以上よいものは望めないと言えるほど理想的ではなかったとしても、神経症治療の並外れた困難のことを考えれば、その治療成果は多くの勇気を与えてくれるものだ。

本能への還元とは、それそのものはどこか疑わしい何かである。人間とは昔から本能と折り合いの悪いもの、すなわち人間と本能とはいつでも互いに衝突するものだからだ。そのため、本能への還元によってもともとの神経症的葛藤が別の葛藤に置き換えられるだけになってしまうという危険がある（ひとつの例を挙げるならば、フロイトは神経症をいわゆる転移神経症に置き換える）。こうした危険を避けるために、精神分析は洞察を通じていわゆる幼児的願望傾向の価値を下げようとし、それに対して個人心理学は群衆欲動に基づく個々人の集合体化をそれらの代わりにしようとする。フロイトは一九世紀の科学合理主義の代表者であり、アードラーは始まったばかりの二〇世紀の社会政治的傾向の代表者なのだ。

時代的制約を受けた前提に基づいていることが明白なこうした見解に対して、私は治療方法を広い範囲で個別化すること、そして目標設定を非理性主義化することを強調してきた。特に後者を強調したのは、可能なかぎり偏見にとらわれていないものだということを保証するためである。つまり心理学的発達に際し、医師は原則として自然に従い、できるだけ自らの哲学的、社会的、政治的前提という点で患者に影響を与えないようにすべきなのである。スイス国民は少なくとも法を前にすれば誰もが等しい存在だが、個々の人々はみなそれぞれにまったく異なった存在である。誰もがみな、自分自身のやり方でのみ暮らしていくことができるのだ。これはけっして「個人主義」を目指すようなものではなく、責任あるすべての行為に不可欠な条件、すなわち自分自身と自らのあり方を知り、それらの責任を負う勇気を持つということにすぎない。自分自身のあり方に沿って存在するときにはじめて、人は責任を負う力、および行動するための力を手にすることになる。そうでなければ、人は自分自身のパーソナリティを持たない単なる野次馬、もしくは盲従者にすぎない存在と化してしまうだろう。

現代の心理療法の広大な範囲に及ぶ問題に言及しているのは、それらを詳しく説明するためではなく、ただ単に、誤った神経症的発達を再び自然な道へと導くことを目標と定めた治療がどのような問題に突き当たるものなのかを、読者に伝えるためである。自分自身のパーソナリティに関して広い範囲で無意識的な人に、その人にふさわしい道を意識的に進むこと、そしてそれと同時に自らの社会的責任を明確に認識することも学んでもらうためには、良識ある人であれば誰もがすすんで認めるとおり、手間も時間もかかる手続きが必要となる。治療にとってきわめて重要な夢に注目することで、すでにフロイトが方法を相当に複雑化させてしまっているが、当然ながらこのさらなる個別化はよりいっそう患者の個々の素材に合わせたものであり、それによって方法は簡略化されるどころか、さらに要求される内容の多いものとなるだろう。しかし、患者の本来のパーソナリティの真価が発揮されるようになれば、その程度に応じてより多くの共同作業を患者に期待できるようになる。精神分析の専門家は何カ月もの間、平日は毎日一時間ずつ患者に会わなければならないと考えているようだが、私は困難な事例においても毎週三、四回の面談でやりくりしている。概して言うと、私は二回の面談で十分だと考えていて、患者がある程度慣れてきてからは一回に減らす。ただし、面談と面談の間の時間、患者には自力で作業をしてもらい、私はその作業を見守るのである。加えて、医学的権威からできるだけ早く解放されるために、必要な心理学的知識を患者に学んでもらう。さらに、私はだいたい一〇週ごとに治療を中断しているので、患者は再び自身の通常の環境を頼らざるをえなくなる。こうすれば患者が自分自身の世界から疎外されるようなことにはならない。何かを犠牲にして別の何かを生きているという傾向にこそ、患者の問題があるのだ。こうした方法を用いれば、患者が医師の時間に料金を払わなくとも、時間が治療要因としての効果を発揮してくれる。適切な手ほどきがあれば、少し時間が経てばたいていの人が、たとえ最初のうちは控えめにであっても、共同作業に力を貸してくれるようになる。私の経験によれば、頻度の多すぎる面談によって最終的な治癒までの時間が短縮されることはない。根本的な治療が問題となる事例では、必ずある程度の時間がかかる。それゆえ面談の時間的間隔が空き、その間が患者自身の作業に充てられれば、(疑わしい)暗示効果を念頭に置いて毎日取り組む場合以上に、経済的にそれほど余裕のない人にとっても治療費用が負担しやすくなるのである。

明確な神経症の事例では、必ず何らかの形でパーソナリティの再教育および変化が必要となる。そこで問題となるのはいつでも個人の、概して幼児期にまで遡る、誤った発達だからだ。こうした認識に応じる形で、現代の方法は人文科学の観点、すなわち教育学や哲学の観点も考慮に含むものとならざるをえなくなった。純粋な医学的基礎教養では不十分だということがますます明らかになってきたからである。こうした仕事を行うにあたって、徹底的な精神医学的知識はあらゆる事例において前提と見なされなければならない。しかし、夢をそれなりに満足に扱うためには、象徴の知識に関する多くの補足事項が必要である。それらはプリミティヴな人々に関する心理学、比較神話学や宗教学の研究を通じてしか得ることができない。

　心理療法家自身にとっても驚きであったのだが、認識と経験が深められたことに伴い、心理療法家の仕事の対象は単純化されるどころか、むしろ目に見えてその範囲と複雑さを増していった。おぼろげな未来の中に、新たな臨床心理学はすでにその輪郭を現しはじめている。いつの日かそれは医師、教育者、そして人間のこころに取り組むすべての人の認識をひとつにまとめたものとなるだろう。そのときが来るまで、心理療法は医師に課せられた課題でありつづけるだろうが、患者から医師に向けられたこうした要求について、大学の医学部がこれ以上聞こえないふりをすることがなくなるよう期待したい。専門家ではなくとも教養のある人であれば、心理療法の存在は知っている。そして分別ある医師は自らの臨床から心的影響が持つ大きな意味について学んでおり、そのため現在スイスでは、犠牲を払いながら全力で心理療法に取り組んでいる医師の数はすでに少なくない。もっとも、そうした医師たちの仕事が嘲笑、誤解、そして事実に即さない、悪意に満ちた批判によって惨めな扱いに甘んじることが多いというのが現状なのである。

現代の心理療法の諸側面

現代の心理療法は、公衆衛生の会議上ではかなり困った立場に置かれてしまいます。それには国際的同意を誇ることも、公衆衛生担当の議員や大臣に対して適切な、あるいは実行可能な助言を提供することもできません。公共福祉の巨大な組織や機構に対して、個人的な善意の仕事という少々控えめな役割を引き受けることしかできないのです。神経症が驚くほどの広がりを見せ、文明国の衛生を脅かす多くの害悪の中でけっして小さくない場所を占めているというのが事実であっても、そのことに変わりはありません。

心理療法および現代心理学はいまもなお、一般適用の可能性をほとんど、あるいはまったく持たない、個別的な実験です。それらは個々の医師たちのイニシアティヴ次第のものであり、そして彼らは大学からの支持さえ得ていません。にもかかわらず、現代心理学の問題は非常に限られた公的な同意の範囲を超え、広く関心を掻き立ててきました。

私自身、フロイトの革新に首を垂れることに対して、何も問題を感じなかったわけではないと告白せざるをえません。そのころ、若輩の医師だった私は実験的精神病理学に没頭し、いわゆる連想実験において観察される精神的反応の障害に主に関心を抱いていました。当時まだフロイトの著作はほとんど出版されていませんでした。けれども、自分の結論が明らかにフロイトによって指摘された事実、すなわち抑圧、置き換え、「象徴化」といった事実を確証する傾向にあるということに、私は気づかざるをえなかったのです。神経症の病因、そして実際の構造において、性がきわめて現実的な重要性を持つということを否定するのも、率直に言って私には不可能でした。

医学的心理学はいまもなお先駆的な仕事ではありますが、これまでは生理学的側面からしか考察されることのなかった多くの物事の心的側面のことを、医療の専門家たちは理解しはじめているように思われます。その心的性質に真剣な疑問が呈されることなどもはやなくなった、神経症のことは言うまでもありません。したがって、医学的心理学はその真価を認められるようになったとも思えます。けれども、こう尋ねてみるとどうでしょうか。医学生たちはいったいどこでそれを学べばいいのか、と。患者の心理について、そして神経的、精神的、身体的疾患の心理学について、何らかのことを知っているというのは医師にとって大切なことです。専門家の間ではこれに関する多くの物事が知られていますが、大学がこれらの研究を推奨することはありません。彼らの態度も理解はできます。もしも自分が大学の学科で責任ある立場にあったならば、私だってきっと医学的心理学を教えることに躊躇を感じていたことでしょう。

そもそも、フロイトの理論がある種の根深い偏見に直面してきたものだということは、否定できません。フロイトは彼の理論のもっともよくない側面を後になっていくつか修正しましたが、それは徒労に終わりました。大衆の目においてフロイトの印象を決定づけているのは、彼が最初に述べた物事なのです。それらは一面的で誇張されたものであり、さらに言うとますます大衆からの支持を得ることの少なくなった、ある哲学に裏打ちされています。すなわち、今世紀になってからは一般に打ち捨てられてきた、徹底的な唯物論的観点のことです。フロイトの排他的視点はあまりに多くの理想を害するというだけでなく、人間の心の自然な事実を誤って解釈するものでもあります。人間の性質に暗い側面があるというのは確かです。しかし、人間の性質にはよい側面、肯定的な側面もあり、それらもまた同じくらい現実的なものだということは、一般の人々も理性的な科学者たちも確信しています。あらゆる物事を性、およびその他のモラル的相反から引き出すフロイト的傾向を、良識は許容しません。このような見解はあまりにも破壊的すぎるのです。

フロイトは無意識をきわめて重視していますが、この考えはあまり同意を得ていません。とは言え、それは一定の妥当性を有する、興味深い観点ではあるのです。ただし、それを強調しすぎてはなりません。そのようなことをすれば、意識的精神から実質的な重要性を奪い、やがては物事に対するまったく機械的な観点へと行き着いてしまいます。それは本能に反しています。意識的精神を世界の仲介者としてきたのは、本能なのです。ただし、合理主義者たちが意識的精神を過大評価してきたというのも事実です。ですから、無意識に対してそれにふさわしい価値が割り当てられるようになったのは、健全な兆しでもありました。けれども、それが意識に与えられた価値を超えるものであってはならないのです。

躊躇が生じるさらなる理由は、医師のための心理学はあっても、真の医学的心理学は存在しないということです。心理学は専門家だけのためのものでも、特定の疾患に固有のものでもありません。心理学とは専門的もしくは病理学的なヴァリエーションを伴う、広い意味での人間的な何かなのです。心理学はただ単に本能的なもの、あるいは生物学的なものでもありません。もしそうであるならば、生物学の教科書の中にほんの一章あればそれで事足りていたでしょう。心理学には計り知れないほど重要な社会的側面や文化的側面があり、それらを抜きにしては、人間の心というものはまったく想像不可能なはずです。つまり一般的、もしくは通常の心理のことを、モラルに関する法、もしくはその類の他の厄介な物事と本能との間に生じる衝突の単なる表れとして語るというのは、まったく不可能なのです。歴史のはじめから、人類は自らの法の作り手でありつづけてきました。フロイトはそう考えていたようですが、たとえ法というものが私たちの悪意ある祖先の発明であったとしても、人間性のその他の部分がそれらに従い、無言の同意を与えてきたなどというのはおかしな話です。

フロイトは、彼が精神分析と呼んだものを医学的領域へと限定しようとしました（時には他の領域へといくぶん不適切に脱線することもありましたが）。そのフロイトでさえ、単なる医学的考察をはるかに超えた根本的原理についての議論を強いられました。知的な患者の場合、専門的な治療がまったくぞんざいなやり方で施されたとしても、やがては必ず根本的な問題へと行き着くことになります。神経症やその他の精神的葛藤は患者の幼児期の生活史よりもはるかに、その人の個人的な態度に依拠するものだからです。幼少期に妨げになっていた影響が何であれ、患者はいまでもそれらを堪えているのであり、そして特定の態度によって堪えています。態度とはきわめて重要なものなのです。フロイトは事例の病因を強調し、ひとたび原因が意識の中へともたらされたならば、神経症は治癒するはずだと考えています。けれども、原因を意識するということだけでは助けになりません。戦争の原因を詳しく知ることが、フランス通貨の価値を上げることの助けにならないのと同じです。心理療法の課題は意識的態度を改めるということであり、幼児期の記憶を追いかけ回すことではありません。もちろん片方に注意を払うことなく、もう片方を行うことは不可能です。ただし、主たる強調点は患者の態度の方に置かれなければなりません。これにはきわめて臨床的な理由があります。過去の不幸にいつまでもこだわり、自己憐憫の記憶に耽りこむことを好まない神経症の患者などめったにいないからです。その患者の神経症の本質がまさに過去を理由にして尻込みし、いつも言い訳ばかりしている点にあるというのはけっして珍しいことではありません。

ご存知のとおり、私はこの特定の側面に関してはフロイトに対して批判的です。けれども、私の批判が何かを回想する傾向が持つ並外れた力を否定するところまで行き着くようなことはありません。反対に、この傾向は非常に重要な意味を有するものだと私は考えています。それが重要であるがゆえに、私はこの点を考慮に含まないもののことを徹底的な治療と呼ぼうとは思いません。分析を行う際、フロイトはこの退行的傾向の後を最後までついていき、そしてみなさんがよくご存知の発見へと辿り着きます。このような発見は表面的な事実にすぎません。それらは主に解釈なのです。フロイトには心的素材を解釈するための特別な方法があります。それは部分的には素材が性的側面を有しているからなのですが、部分的には彼特有の結論へと至る特別な道筋に沿って解釈しているからでもあります。フロイトによる夢の取り扱いを例に挙げてみましょう。フロイトは夢はファサードだと考えます。何かを裏返しにできるのだとか、あれこれの要素は検閲によって排除されたのだとか、フロイトはそのようなことを述べています。

　私は解釈が問題全体の核心だと考えています。このように考えることも同じく可能なはずです。夢はファサードではない。検閲など存在しない。無意識はまったく素朴かつ本物のあり方で夢の中に登場しているのだ、と。尿の中のアルブミンと同じくらい、夢とは本物の何かであり、それが何であれ、ファサードなどではありません。夢をこのように扱えば、当然ながらまったく異なる結論へと至ることになります。同じことが患者の退行的傾向にも当てはまります。この傾向が幼児性への逆行であるだけではなく、必要な何かに達するための本物の試みでもあるというのは、先ほど示唆しておいたとおりです。確かに幼児的倒錯に事欠くことはありません。けれども、インセスト的渇望のように見えるもの、そしてそのように解釈されるものが、本当にただそれだけのものだと、そう確信してもよいのでしょうか。患者が父親や母親の中に本当に追い求めているものが何なのか、入念に、そして理論的バイアスを抜きにして探そうとすれば、きっと私たちが見出すことになるのは概してインセストではなく、むしろそのことへの本物の恐れです。患者が追い求めているのはまったく異なる何か、フロイトが否定的にしか理解しなかった何かだとわかります。それは汚れがないという幼児期の普遍的感情、安全、保護、相互的な愛、信頼、信用などといった——多くの名前を持つ——感覚のことです。

退行的傾向の目標はまったく正当化不能なものでしょうか。それは患者が意識的態度を築き上げるために差し迫って必要としている何か、まさにそのものなのではないでしょうか。

大半の事例において、インセストやその他の倒錯的な性的側面は副産物にすぎず、実際には先ほど述べた物事こそが退行的傾向の本質的内容なのだと、私はそう考えています。患者がこうした幼児期へと帰ろうとすることに、私は反対しません。患者がそうした思い出に耽りこむことを、私は気にしません。

その患者が沈むべきなのか、それとも泳ぐべきなのかということ。あるいは、幼児期へと耽りこんだ結果として、ひょっとしたら患者が破滅してしまうかもしれないということ。私はそうした事実を無視しているのではありません。けれども私は意識的意図をもって、患者をそうした価値ある記憶に立ち戻らせていきます。私はあえて患者の価値の感覚に訴えているのです。私はその人をよくする必要があり、したがって治療的目標を達成するためには、可能性のあるものならばあらゆる手段を用いなければならないからです。

退行的傾向が意味するのは、幼児期の記憶の中に時にはよい意味で、また時には悪い意味で、患者が自分自身を追い求めているということにすぎません。患者の発達は一面的なもので、性格やパーソナリティに関する大切な項目を置き去りにしてしまい、その結果として失敗してしまったのです。それこそが患者が立ち戻らなければならない理由なのです。『タイプ論』の中で、私は一面的な発達が進行する一般的な進路を明らかにしようと試みました。[ii]根本的に異なる二つの主な態度、すなわち内向および外向というものが存在します。ほどよく協力し合っているかぎりは、どちらもまったく問題ない生き方です。破滅へと行き着くのは、一面性が優勢となった場合のみです。このまったく全般的な枠組みの内部に、その個人がどの機能を好んでいるかということに基づく、より微妙な違いが存在します。たとえば優秀な頭脳の持ち主ならば、感情を犠牲にして強力な知性を発達させるでしょう。あるいはまた、現実主義者が知覚した事実は、直観が持つ美しいヴィジョンをかき消してしまうでしょう。このような人たちはみな、特定の領域の限界に差し掛かったとき、幼児期を振り返ることになります。あるいは、もしも失われし世界とまだ接点を持っていたならば、患者は何らかの状態を欲することになるでしょう。あるいは夢が、忘却の中へと沈んでいたうっとりさせられるような過去の記憶をよみがえらせるでしょう。

　より観念論的[iii]な哲学を適用すれば、物事を異なった方法で解釈し、相対的に言って卑しむべき底面と同じくらい正しく、けれどもまったくまともな心理学を作り出すことも可能です。まともで肯定的なやり方で事実を容易に解釈できる場合であっても、そのようにしてはならない理由は私にはまったくわかりかねます。多くの人にとってこれは、あらゆる物事を醜い名前のついたプリミティヴな成分へと還元していくことよりもはるかによいやり方であり、また勇気づけるやり方でもあります。ただしここでも、一面的になってはいけません。ある種の患者には、多少劇的なものであっても、浄化する効果をもたらす真実を伝えた方がかえってよい場合もあるからです。

フロイトによるもともとの無意識の観念は、抑圧された素材、幼児的願望などの貯蔵庫や物置のようなものでした。しかし、無意識とはそれらをはるかに超えた何かです。つまり無意識とは、あらゆる意識の基盤であり、前提条件なのです。それが表すのは、心全般の無意識的機能のことです。無意識とは意識以前の、意識の間の、そして意識以後の、心的な生のことです。新生児は、何世紀にもわたる祖先たちの生の蓄積のおかげで分化した、完成され、高度に発達した脳と共に生まれてきます。それとちょうど同じように、無意識的な心とは先祖伝来の心に固有の受け継がれた本能、機能、形式から成り立つものに違いありません。この集合的遺産は受け継がれた観念から成り立つものではなく、むしろそうした観念の可能性から――別の言葉で言うと、可能性のある機能のア・プリオリなカテゴリから――成り立つものです。このようにして受け継がれるもののことを、この言葉の本来の意味で本能と呼ぶことも可能と言えば可能でしょう。[iv] けれども、事はそう単純ではありません。反対にそれは私が元型的条件と呼んだ、もつれきった網目なのです。このことが示唆しているのは、人間とはまさにメトシェラ[v]にまで遡る、自らの祖先と同じように行動するものなのかもしれないということです。もしそうだとすると、無意識とは極度の保守性へと向かう集合的傾向、新たな何かをけっして起こさないという保証に近いもののようにも思えてきます。

もしもいま述べたことが全面的に正しいのであれば、急進的な変化や革新を招く創造的なファンタジーなどまったく存在しないということになってしまうでしょう。ですから、いま述べたことは部分的に間違っているに違いありません。創造的なファンタジーは実在し、そしてそれは意識的な心の特権ではないからです。一般的に言うとそれは無意識の領域からの侵入、ある種の勘であって、意識的精神のゆっくりとした推論とは異なる類のものです。したがって無意識は創造的な要因、それどころか勇敢な革新者とも見なされますが、同時にそれは先祖伝来の保守主義の物置でもあります。パラドクスだというのは認めますが、それを避けることはできません。人間そのものがパラドクス的存在であることと変わりありませんし、それを避けることもまた不可能なのです。

私たちの議論はなぜパラドクスで終わらなければならないのか。そしてなぜ一面的で、いわゆる「実証的」な言明よりも、パラドクス的な言明の方が真実のよりよい証人であるのか。これについては理にかなった哲学的理由が存在します。ですが今回は、冗長な論理的言説を開始するのにふさわしい機会ではありません。

無意識の重要性についていま述べたばかりのことを心に留めていただけるなら、そして退行的傾向に関する私たちの議論を思い起こしていただけるなら、なぜ患者がこうした傾向を持たねばならないのか、そしてなぜそれを持つことに正当な根拠があるのかについて、さらに進んだ、そして適切な理由が見出されることでしょう。回想的、そして内省的であることが病理学的な間違いとなるのは、インセストやその他の卑しむべきファンタジーのように無益なところ、または劣等感のところで、早々に立ち止まってしまった場合のみのことです。回想および内省はそこからさらに先へと進めていかなければなりません。そうすることで患者は幼児期への憧憬の本当の理由を発見するというだけではなく、自分自身を超えて集合的な心の領域へと進み、集合的観念の宝庫の中へ、そして創造性の中へと、はじめて足を踏み入れることになるからです。こうして患者はかつてそうであったとおりに、あるいはいまそうであるとおりに、そして今後もそうあるべきとおりに、自らが人間性全体と同一であることを発見することになります。不十分なものだということが明らかになったささやかな個人的所有物に何かが加わり、そのようにして獲得されたものは患者の態度を強化してくれます。そしてそれこそが、集合的観念がいつでも重要なものであったことの理由なのです。

フロイトは自分自身のペシミズムにはまり込み、それにしがみついているように私には思えます。彼が徹底的に否定的で個人的な無意識の概念にしがみついているのと同じことです。人間の重要な基盤がまったく個人的で、それゆえまったく私的な不祥事にすぎないなどと考えていては、辿り着ける場所などどこにもありません。それは何の希望もない、ストリンドベリの劇が真実であるのと同じ程度の真実です。けれどもこのような病的な幻想のヴェールを突き破るならば、狭くて風通しの悪い個人的な片隅から、集合的な心という広い領域へと、人間の精神の健全で自然なマトリクスへと、人間性というこころそのものへと踏み出すことになります。それこそが私たちが新たな、そしてより有用な態度を築き上げることのできる、真の基盤なのです。

現代の心理療法の問題

今日の一般的見解では、心理療法、すなわちこころを治療すること、またはこころの治療とは、精神分析と同一のものである。

「精神分析」という言葉を用いる人はみなその意味も理解しているかのように思えてしまうほど、この言葉は一般に普及している。しかしたいていの場合、この言葉が実際に何を表すものなのかは、一般の人には知られていない。精神分析という言葉は、こころの症状群を抑圧された特定の欲動過程へと還元していくという、フロイトによって導入された方法のことだけを指すのが――その創始者の意志に従うならば――適切なものである。この手続きにはそれに応じた理解の仕方が不可欠だという意味で、精神分析の概念は特定の理論的前提、すなわちフロイト自身がはっきりとそう要求したとおり、フロイトの性理論も含んでいる。ところが一般の人はそれに反して、科学的-方法論的にこころに接近しようとする現代のあらゆる試みのことを指して、精神分析という概念を用いている。アードラーの見解や方法は、和解不能な形でフロイトのそれと対峙するもののように思えるのに、そのアードラー学派までもが「精神分析」という印で分類されることに甘んじざるをえないのはそのせいだ。一方、私はアードラー自身は自らの心理学を「精神分析」ではなく、「個人心理学」と呼んでいる。自らの見解を指す場合には「分析心理学」という表現を好んでいて、この表現のことを「精神分析」、「個人心理学」、そしてコンプレクス心理学[ii]の領域におけるその他の試みもその中に含む、一般概念のようなものと考えている。

一般の人はこう思うだろう。人間のこころはひとつだけなのだから、心理学もきっとひとつだけのはずだ、と。それゆえ、このような区別は主観に基づく詭弁、もしくは自分自身で玉座を作り上げようとする小人物ならではの試みと見なされてしまう。「分析心理学」には含まれないその他の取り組みについても言及していけば、「心理学」のリストは簡単に延長可能だろう。事実、多くの異なった方法、観点、意見、信念が存在し、互いに争い合っている。そしてその主な理由は、それらがお互いのことを理解していないこと、そしてそれゆえにお互いのことを認めようとしないことなのである。現代における心理学説の多面性と相違性は実際のところ驚くべきものであり、一般の人からすれば見通しにくく、紛らわしいものになってしまっている。

ある病気に関連して、異なる性質を持つ多くの治療薬が病理学の教科書の中に記述されているのを見つけたとしよう。この場合、そのことからこれらの治療薬の中に特に効果的なものはないと結論していいはずだ。こころへと導くとされる異なる道筋が数多く示されている場合も、遠慮なくこう考えてよいのである。これらの数多くの道筋のうち絶対確実に目標に達するものなどなく、熱狂的に自己喧伝に勤しんでいるものこそおそらくもっとも目標から遠いのだ、と。同時代に心理学が数多く存在しているというのは、実際には窮状の表現なのである。こころへの入り口、ましてやこころそのものとは大変な難問であり、ニーチェの表現を用いて言うならば「角《つの》をはやした問題」[iii]だとますますわかってきた——したがって、この難攻不落の謎を繰り返し別の側面から処理しようとする試みが山積していったとしても、驚くには値しないのだ。そこから当然の結果として、さまざまな観点や見解が互いに矛盾しながら多数存在するという事態が生まれているのである。

「精神分析」について語る際には、狭い意味での定義に限定せずに、今日こころの問題を解決するために行われているすべての取り組みの成果と失敗を全般的に取り扱っていくように、読者には私に歩調を合わせていただきたい。それらのことを、私たちは分析心理学という概念のもとにまとめているのである。

ところで——経験的事実としての人間のこころに今日になって突然関心が寄せられるようになったのは、そもそもなぜなのだろうか。何千年もの間、それに関心が寄せられることなどなかったのである。一見すると無関係なようにも思えるこの合間の問いは投げかけるだけにして、答えずにおこう。とは言え、やはりこの問いはこの箇所に置いておかなければならない。今日の心理学的関心の目的が、突き詰めていけば何らかの形でこの問いと密かに結びついているからだ。

今日「精神分析」という概念のもとで一般に知れ渡っているものはすべて、医学的臨床にその起源を持っており、したがってその大半は医学的心理学である。医師の診察室はこの心理学にはっきりと現した刻印を与えていて、この刻印は用語だけではなく、理論的見解の形成にもその姿をはっきりと現している。どこに行っても真っ先に出会うのは、医師が持つ自然科学的 - 生物学的前提だ。アカデミックな人文科学と現代の心理学が疎遠になったことの大半はこれに起因している。現代の心理学が根本的に言えば非合理的な自然に基づいて解明を行っていくものなのに対して、もう一方は理性に基づくものだからである。そして自然の理性との間にある、ただでさえ橋渡し困難なこの隔たりは、医学的 - 生物学的な専門用語によってさらに拡大されてしまっている。こうした用語はいかにも専門的なものという印象を与えてしまうことが多く、善意ある理解に対しても過大な要求をしてしまいがちなのである。

この領域における概念の混乱を目の当たりにすれば、前もって一般的なコメントをしておいたことも、あながち場違いとは言えないはずだ。まずはこの考えを表明しておいて、ここからは本稿の本来の課題に取りかかっていこう。すなわち、分析心理学という仕事についての考察を行うということである。

現代の心理学の取り組みの異常とも言える多様性を踏まえて考えれば、その要点を呈示するためには大変な苦労が伴わざるをえない。したがって、私がさまざまな目的や仕事のクラス分け、あるいは——より正確に言えば——段階分けを試みる際、それには仮の試みだというはっきりとした留保が伴っている。このことに対しては、国全体に広げられた三角測量網と同程度の恣意性は非難されても仕方ないだろう。どのような場合でも私は、思い切って四つの段階からなる観点のもとで全体的な成果を考察することにしているのである。すなわち、告白、解明、教育、変容の四段階だ。おそらくはあまり聞き慣れないであろうこれらの名称について、いまから検討していこう。

あらゆる分析的なこころの治療のそもそもの始まりは、罪の告解という模範の中にある。しかし、この起源は因果関係で結ばれたものではなく、非合理的な、つまり心的な根源において関連し合うものであり、そのためこうしたことに馴染みのない人にとっては、精神分析の基盤を告解という宗教的慣習と結びつけるのは容易なことではない。

人類の精神が罪という観念の発明に成功したまさにその直後に、心的に隠されたもの、分析的な用語で言えば抑圧されたものが生まれることになった。隠されたものとは秘密ということだ。秘密を持つということは、秘密を抱えた者を共同体から疎外してしまう、こころの毒のようなものとして作用する。ただし、この毒も少量であれば計り知れない治療薬になりうるもの、そればかりかあらゆる個人差にとっての必要不可欠な前提条件でさえある。それゆえ、人類はプリミティヴな段階においてすでに、むしろ秘密というものを発明したいという、逃れようのない欲求を感じていたのだ。秘密を持つことによって、人は純然たる共同体という無意識性の中に滲んだ存在になってしまうことからも、命にかかわるこころの危険からも、身を守ることができたのである。礼拝上の秘密を伴う入巫儀式は広い範囲で、また太古から存在しているが、周知のとおりそれらはこうした分化の本能のために行われるものなのである。[iv] キリスト教のサクラメント（秘蹟）でさえも、原始キリスト教会においては秘儀と見なされていた。それは洗礼と同じように、隔離された場所で執り行われ、アレゴリーによって暗示する言葉によってのみ語られるものだったのである。

複数の人に共有された秘密は有用だが、ひとりだけの秘密は破壊的なものだ。そのような秘密は、不運にもその持ち主になってしまった人を他の人間と共にある共同体から疎外してしまう罪と、同じように作用するのである。自分が何を隠しているのか自覚していれば、抑圧しているということ、そして抑圧しているものが何なのかを知らない場合に比べれば、明らかに害は少なくて済む。後者の場合には、もはや隠された内容が意識的に秘密にされているのではなく、むしろその内容は自分自身の前から隠されているのである。隠された内容は独立したコンプレクスとして意識から分離する。すると、意識からの介入や修正に煩わされることのない、ある種の特別な存在が無意識的なこころの領域を主導するようになる。経験が示してきたとおりコンプレクスとは、自らのために独特なファンタジーの活動を展開する、言わばひとつの小さな閉じた心なのだ。そもそもファンタジーとは、たとえば睡眠時のように意識からの制止が弱まるか、もしくはまったく途絶える場合にはどこにでも出現する、こころの自主性のことである。睡眠時には、ファンタジーは夢として登場する。しかし、私たちは覚醒時も意識の閾下で夢を見つづけている。そしてこのことは、抑圧された、あるいは何らかの意味で無意識的なコンプレクスによるところが特に大きい。ついでながら述べておくと無意識的内容とは、かつては意識されていたが抑圧によって事後的に無意識になったコンプレクスだけから成り立つものではない。そうではなく、無意識には未知の深みから成長し、徐々に意識へと辿り着くことになる、固有の内容も存在しているのである。したがって、無意識的な心のことを意識から追放された内容のための単なる容れ物などという風に想像してはならないのだ。

下から意識の閾へと接近してくるものであれ、あるいはそのすぐ下に沈んでいたものであれ、あらゆる無意識的内容には意識に影響を及ぼすという習性がある。この影響は――内容そのものが意識の中に姿を現すことはないので――当然ながら間接的なものだ。意識のいわゆる失錯行為は、たいていの場合こうした妨害に起源を持っている。総じて――医学の表現で言うところの――心因性の性質を持つ、いわゆる神経症症状もすべて同様だ（榴弾の爆発などによるいわゆるショック作用は例外）。意識の失錯行為とは、神経症の形式のうちもっとも軽いもののことである――たとえば言い間違い、名前や日付を突然忘れること、怪我やそれに似た結果へと導くような予期せぬ不手際、誤解、いわゆる記憶の幻覚――何かを言った、あるいはしたと思い込んでしまうこと――、聞いたことや読んだことを間違って理解すること、など。

これらすべての場合において、徹底的に調べてみれば、間接的かつ無意識的な方法で意識の営みに妨害を加え、それを変化させた内容の存在を証明できる。

したがって一般的に言うと、無意識的な秘密による害は意識的な秘密による害よりも大きい。私は次のような患者を数多く診てきた。厳しい生の境遇のせいで、患者は自殺傾向を発展させてしまう。それはより脆弱な資質の持ち主であったならば、自殺衝動から身を守ることが難しかったと思われるような環境だ。しかし、患者は理性によって意識化の際にそれを妨げ、そうすることで無意識的な自殺コンプレクスを発生させた。すると無意識的な自殺衝動の側がさまざまな危険な偶然を引き起こしていったのである。たとえば、安全ではない場所での突然の眩暈の発作、自動車を目の前にしてぐずぐず歩く、咳止めの薬と消毒液を間違える、危険な曲芸に突然のめりこむなどといったことだ。このような事例においては、自殺衝動を意識化することに成功すれば、意識的選択は自殺の可能性のことを認識し、それを回避するようになった。そしてそれによって意識的な理性が自殺衝動に制止を加える形で、したがって患者に力を貸す形で、事態に介入していくことが可能になったのである。

あらゆる個人的な秘密は、一般に信じられているモラルの観点から見て罪や咎に当たるものであっても、あるいはそうではなくても、罪や咎のように作用する。

秘密にすることのもうひとつの形式が抑制だ。通常、抑制されるのは情動である。ここでも真っ先に強調しておかなければならないことがある。それは、抑制とは有益かつ有用なものだということである。プリミティヴな人々においてもすでに、もっとも初期のモラルの術《すべ》としての自制が見出されるのはそのためだ。プリミティヴな人々の間では、自制は入巫儀礼の一部であり、それはとりわけ苦痛や不安をストイックに耐え忍ぶことや禁欲といった形式で執り行われる。ただしこの場合、抑制は秘密の集まりの内部で、他者と分かち合う試みとして行われている。ところが、抑制がもっぱら個人的なものである場合には――そして宗教的なものの見方との関連性を持たないならば――個人的な秘密と同じように、抑制もまた害をなすものになりうる。過度に品行方正な人が不機嫌だったり、怒りっぽかったりするのはよく知られているが、それはこうしたことに由来するものなのである。抑制された情動とは、隠されたもの、自分自身の前からも隠しておくことのできるものと似た何かなのだ。この術《すべ》には主に男性の方が長けており、数少ない例外を除けば、女性は抑制によって情動を害することに対して自然な躊躇を感じる。抑制された情動は無意識的な秘密と同じように、隔離し、阻害する作用を有している――そして自分に罪があると感じさせる作用を。私たち人間がたくさんの秘密を持つと、そのことで自然が言ってみれば気を悪くするのである。それと同じように、私たちが自らの情動を仲間に伝えずにおくときも、自然はそのことを悪く受け取ってしまう。この点に関して言えば、自然には顕著な「真空嫌悪」[vi]があり、それゆえ長い目で見れば、抑制された情動に基づいた生ぬるい調和こそがもっとも耐え難いものなのである。抑圧された情動が秘密と同一のものであることも少なくない。しかし、取り立てて言うほどの秘密など何もなく、完全に意識的な状況に端を発し、もっぱら無意識的に維持されてきた情動が存在するということの方が多い。

神経症には複数の形式の可能性があるが、その形式はそのときに優勢なのが秘密なのか、それとも情動なのかによって決まる。少なくとも、情動を出し惜しみすることのないヒステリーは主に秘密に基づくものであり、それに対して頑なな精神無力症の患者は情動の消化が障害されることに悩まされるとは言える。

秘密や抑制は害をなすものであり、自然はその害に応じて、最終的には病をもって反応する――当然ながら秘密や抑制がもっぱら個人的なものである場合の害にかぎった話だ。ところが、秘密や抑制が共同体の中で他者と共になされると、自然はそれに満足し、それどころかそれらが有益なものになることもある。有害なのは、誰にも知られることのない個人的なものだけなのだ。それはまるで、人間には仲間に暗さ、不完全さ、愚かさ、罪深さを要求する、不滅の権利があるとでも言うかのようなものなのである。自分を守るために秘密にされる物事とは、まさにそういったことだからだ。自らの価値の低さを隠すことは、価値の低さのみを生きていくのと同じくらい、自然な罪であるらしい。自らの行為や主張の利点をいつでもどこでも手放さず、過ちを犯しうる自らの人間性を告白しようとしない者は誰であっても容赦なく処罰する、ある種の人間性の良心のようなものが存在しているのではないだろうか。この良心がなければ、通り抜けることのできない壁によって、人の間で生きる人間という生き生きとした感情から切り離されてしまうのである。

本物の、そして一切の留保なしの告解が有する並外れた意義は、この点から明らかになる。次の古代の秘儀の格言が示すとおり、古代のあらゆるイニシエーションや秘儀カルトはおそらくこの真実をよく理解していたのだろう。「あなたが持っているものを、自分のもとから解き放ちなさい。そうすればあなたは迎え入れられるでしょう」

この格言は心理療法の問題の第一段階のモットーとして添えてよいものかもしれない。つまり根本的に言えば、精神分析のそもそもの始まりとは古代の真実の科学的な再発見に他ならないのだ。最初の方法に与えられた名前、すなわちカタルシス＝浄化からしてすでに、古代の入巫儀礼のよく知られた概念である。[vii] 本質的に言ってもともとのカタルシス法とは、催眠という装置を用いて、あるいは用いずに、患者をできるだけ意識の背景へと移すことを指す。つまり、東洋のヨーガ・システムにおける瞑想、もしくは黙想に当たる状態へと移していくということだ。ただしヨーガとは異なり、ぼんやりとした表象の痕跡が散発的に浮かび上がってくるということが観察の対象となる。浮かび上がってくるのがイメージであっても感情であっても、それらは薄暗い背景において無意識という目に見えないものから離れ、内側へと向けられた眼差しの前に少なくとも影のようにして姿を現してくる。そうすると、抑圧されたもの、失われたものが甦ってくる。このことだけでもすでに——時に苦痛を伴うものであったとしても——ひとつの収穫である。価値の低さ、それに忌まわしささえも私の一部となり、それらが私に実体と身体を与えてくれるのだから。それは私の影なのだ。影を落とさずに実体を持つことなどできるはずがない。暗闇もまた私の全体性の一部であり、私は私の影を自覚することによって、自分もまた他の人々と同じく一人の人間なのだということを思い出すのである。このようにして自らの全体性をひとまず静かに発見し直せば、神経症の、すなわち分離されたコンプレクスの源となった以前の状況が必ず再確立される。とは言え、それについて誰にも話すことがなければ、せいぜい障害が部分的に改善するだけで、孤立は引き伸ばされてしまうかもしれない。しかし、それを告白すれば私は再び人間性へと身を委ね、モラルの流刑という重荷から解放されることになる。カタルシス法の目標は完全な告白、より正確に言うと、頭を通じて事実内容を知的に確かめるだけではなく、抑制された情動を解放すること、つまり心《ハート》を通じて事実内容を確かめるということでもあるのだ。

　おそらくそう予想される方もおられるだろうが、このような告白が素朴な人々に及ぼす影響は大きく、その治療効果には驚かされることも多い。しかし私としては、この段階での私たちの心理学の主要な仕事とは、ただ単に若干数の患者が治るということではなく、むしろ告白の意義を系統立てて強調するという点にあると考えたい。それは私たちみなにとって無関係ではないからだ。秘密を持つことによって、誰もが何らかの形で自分以外のすべての人から切り離されてしまっている。そして人々の間にあるこの深い谷間には、告白という確固とした架け橋の浅はかな代用品にすぎない、意見や幻想という偽りの橋が架けられているのである。

だからと言って、私は世間の人々に何かを推奨しようと思っているわけではない。誰もがみなお互いに罪を告白し合うことの悪趣味は、想像を絶するものがある。心理学が認めているのは、この上ないほどの弱点がここに存在しているということだけだ。この弱点について、ここでただちに論じていくことはできない。と言うのも、次の段階、すなわち解明が明らかにするとおり、それそのものが特に鋭い角《つの》のついたひとつの問題なのである。

容易に理解されることだと思うが、もしもカタルシスが万能薬だと証明されていたならば、新たな心理学が告白の段階の先へと進むことはなかっただろう。ところが第一に、そして特に重要なこととして、患者は影を認めることができるようになるまで無意識へと接近することに、必ずしも成功するとはかぎらない。むしろ多くの患者――特に複雑で意識の強固な性質の持ち主――は、意識にしっかりと錨を下ろしていて、何をもってしてもそこから引き離すことができない。こうした人たちが、意識を抑え込むためのあらゆる試みに対して激しい抵抗を展開する場合がある。彼らは医師と意識的に話をし、自身の問題について理知的に説明し、検討しようとする。告白すべきことは十分にあるが、告白のために無意識を頼りにすることはない。このような患者には、無意識へと接近する技法のすべてが必要になってくる。

これがカタルシス法の使用をそもそも著しく制限している事実のひとつである。もうひとつの制限が後から加わることになるが、これは同時に第二の段階、すなわち解明の段階の問題へとつながるものだ。ある事例においてカタルシス的な告白が生じたと考えてみよう。神経症は消失する。すなわち、症状が見当たらなくなる。だとすれば、患者は治癒したとして、治療から解放されてよいはずだ。しかし、患者は——特に女性であることが多い——そこから離れることができない。患者はどうやら告白によって医師に縛りつけられてしまったらしい。この縛りは一見したところでは無意味に思えるが、それが無理やり切り離されると、悪性の再発が生じることになる。特徴的なことに、そして言ってみれば奇妙なことでもあるのだが、場合によってはこの縛りが生じないこともある。患者は治癒した様子で去っていくが、自らのこころの背景に魅了され、生への適応を犠牲にしてまで自分自身でカタルシスを続けようとする。患者は医師ではなく、無意識に、すなわち自分自身に縛りつけられてしまったのだ。こうした患者には、かつてテセウスとその仲間ペイリトオスが進んだのと同じような道が開かれてしまったのである。テセウスたちは地下の女神を地上へと連れ出すために、冥界へと降っていった。下り坂に疲れ切ってしまい、そこで少しのあいだ腰を下ろすと、二人はもう立ち上がれなくなってしまう。岩から生えたかのような姿になってしまったからだ。

こうした奇妙かつ予想外の成り行きや、最初に言及したカタルシスという善意の目論見に到達不能だと判明する事例には、解明を施していくことが必要となる。この二つの患者のカテゴリはまったく別のもののようにも思われるが、解明はどちらの場合も同じ地点で始まる。すなわち、フロイトが正しく認識したとおり、固着が生じているところから始めるのだ。後者のカテゴリ、特にカタルシスが行われた後に医師に縛りつけられてしまうような事例では、この事実はすぐに明らかになる。これと似たようなことは催眠治療の好ましくない結果としてこれまでも観察されてきたが、こうした縛りの内的メカニズムがいったい何なのかはわかっていなかった。現在では、問題の縛りが本質的にはたとえば父親と子どもの関係に相当するものだということが判明している。患者は一種の子どもじみた依存関係に陥っているのだが、理性的な洞察をもってしてもそれを免れることはできない。それどころか、固着が尋常ではない力を持つこともある。背後に通常とはまったく異なる動機づけがきっとあるのだと推測できるほど、その力には驚くべきものがある。なお、この縛りは意識の外部で進行する過程なので、患者の意識はそれについて何も供述することができない。この新たな困難を処理するためにはどうすればよいのかという問題が生じたのはそれゆえである。ここで問題となっているのは明らかに神経症的に作り出されたものであり、まさしく治療がきっかけとなって生じた新たな症状なのだ。こうした事態の見逃しようのない外的目印は、父親に関わる、感情のアクセントが置かれた記憶イメージが医師に転移された状況である。それによって医師は否応なく父親として姿を現し、父親のような存在として患者を、ある意味で子どもにしてしまうのだ。もちろん、患者の子どもじみた性質はいまになってはじめて生じたものではない。それはずっとそこにあったのに、それまでは抑圧されていたのだ。いまやそれが表面に現われ、子どもの状況、あるいは家族の状況を再建しようとしているのである。それは長らく行方知れずだった父親が再び見つかったからなのだ。フロイトは適切にもこうした症状を転移と名づけた。助けになってくれる医師にある程度依存してしまうのは、さしあたりまったく正常かつ人間的に理解可能な現象である。並外れて頑強になり、意識による訂正を受けつけなくなったものだけが異常であり、望ましくないのだ。

こうした縛りの性質を少なくとも生物学的な側面において解明し、それによって心理学的認識全般の前進を可能にしたことは、フロイトの中心的な業績のひとつである。この縛りが無意識的なファンタジーの存在によって引き起こされたものだということは、今日では疑いの余地もなく証明されている。こうしたファンタジーには主に、いわゆるインセスト的な特徴がある。このファンタジーが無意識的なままでありつづけるという事実は、この特徴によって十分に説明可能だろう。一切躊躇うことのない告白であったとしても、何らかの形で意識されていたとはとても思えないようなファンタジーが打ち明けられることなど期待できないからだ。フロイトはいつでもインセスト的ファンタジーについて、まるでそれが抑圧されたものであるかのように語っているが、経験の増加によって明らかになったのは次のようなことだった。多くの場合、このようなファンタジーはまったく意識の内容になることがないか、もしくは少なくとも影のように曖昧な仄めかしだけが意識されるものであり、それゆえ意識の意図によって抑圧されるようなものでもありえない。つまり新たな研究の立場に基づいて言えば、インセスト的ファンタジーとは主に、分析的方法によって実際に陽の当たる場所に引きずり出されるまさにそのときまでは、常に無意識的だったものであり、また無意識的なものでありつづけるというのが本当のところであるらしい。とは言え、無意識から何かを汲み上げることが自然への非難すべき干渉だなどと言われるようなことがあってはならない。もちろんそれはこころの外科手術のようなものだが、インセスト的ファンタジーは転移という症状の複合体《コンプレクス》の誘因となるものであり、その意味でこの手術は必要不可欠なのである。一見したところ、このようなファンタジーは芸術作品のように思われるかもしれない。しかし、そこに異常な側面があるという点に変わりはない。

本質的にカタルシス法とは、本来であれば意識の一部となっていたはずの、意識に適合する内容を、再び自我のもとへ返していくものである。これに対して転移の解明とは、そのような形では意識にほとんど適合することのなかった内容を浮かび上がらせていくものなのだ。これが、告白の段階と解明の段階の根本的な違いである。

先に私たちは事例の二つのカテゴリについて述べた。ひとつはカタルシスを受けつけないと判明するもの、もうひとつはカタルシスが生じた後で固着に陥るものである。固着、ないしは転移が展開していくものについては、すでに論じておいた。しかし、先述のとおりこれに加えて、医師ではなくむしろ自分自身の無意識に縛りつけられて、その中に引きこもってしまうという場合もある。このような場合、両親のイメージは一人の人間としての対象へと転移されることなく、ファンタジーの表象でありつづける。ただしこの表象は転移と同じ魅力を行使し、それと同じ縛りを生むのである。フロイトの研究を参照すれば、第一のカテゴリ、すなわちカタルシスに無条件に身を委ねることのできないものも、次の事実によって説明可能となる。このような患者は治療を始める前からすでに両親に対する同一化状態の関係にあり、それが患者に権威、自立性、批判能力を与えている。それらのおかげで患者はカタルシスに逆らうことができるのである。他の人のように無力にも両親のイマーゴの無意識的活動の犠牲となってしまうのではなく、無意識的に自らを両親と同一の位置に置くことによってこうした活動を我がものとするというのは、教養があり、かつ分化されたパーソナリティの持ち主に多い。

単なる告白だけでは、転移現象に対しては無力だ。だからこそフロイトはブロイアーによるもとものカタルシス法に対して本質的な変更を加えることになったのである。フロイトはここで自らの実践に「解釈法」という名を与えた。

転移関係はとりわけ解明を必要とするものであり、それゆえこの発展はまったく理に適ったものである。転移関係がいかに解明を必要とするものなのかについて、専門家ではない人に説明を行ってもらうのはおそらくほぼ不可能だろう。理解不能で、ファンタジーに満ちたものの見方の網に囚われていると突如として気づかされた医師だからこそ、それを説明していくことができるのだ。患者が医師に転移するものは解釈、すなわち解明されなければならない。患者自身にも自分が何を転移しているのかまったくわからないのだから、医師は患者のファンタジーの入手可能な断片を解釈的に分析していくことを余儀なくされる。この種の産物のうちでもっとも身近にあり、もっとも重要なものが夢である。それゆえフロイトはまず、両立しえないものであるがゆえに抑圧されることになった願望に関する内容に絞って、夢の領域を研究していった。そしてフロイトはこの仕事に取り組んだ際に、先述したインセスト的内容を発見したのである。当然ながらこの探求が行われた際、狭義のインセスト的素材だけではなく、人間の本質が持ちうる、ありとあらゆる猥雑な物事が明らかになっていった。周知のとおり、このリストは非常に長いものであり、それについて多少なりとも詳しく論じていくだけでも、生涯のすべてを要する仕事が必要となってしまう。

以前の時代にはけっして知られることがなかった程度にまで、人間の影の側面が入念に描き出されることになったのは、フロイト的な解明という方法のおかげである。この結果は人間の本質に関するあらゆる理想主義的な幻想に対する、きわめて有効な解毒剤だ。それゆえ、フロイトやフロイト学派に対する激しい抵抗が至るところで生じたということに驚く必要はない。根本的な空想家については何も言おうと思わない。ただ、解明という方法に反対する人たちの中には、人間の影について何ら幻想を抱いていないが、人間のことを一面的にその影の側面のみから説明するべきではないとの異論を呈する人も少なくないということは強調しておきたい。結局のところ、本質的なものとは影ではなく、その影を生み出している肉体なのだ。

フロイトの解釈法は遡及的な、いわゆる還元的な説明の仕方であり、度を越してしまったり、一面的になったりすると破壊的なものとなる。しかし、人間の本質には暗い側面もあるという事実、および人間だけではなく、人間の所業、制度、信念にも暗い側面があるという事実は、心理学的洞察がフロイト的な解明の作業から引き出した大いなる収穫だ。私たちが抱くもっとも純粋で崇高なものの見方でさえも、深くて暗い基盤の上に立っているのである。よくよく考えてみれば家のことを説明するのに、屋根の棟木から下へ向かって説明するだけではなく、地下室から上に向かって説明していくこともできるはずだ。そもそも、こうした説明には遺伝学的により適切だという利点がある。家屋とは屋根からではなく、基礎から建てるものであり、さらに言うと生成するありとあらゆる物事は単純なもの、生《なま》のものから始まるからだ。思慮深い人であれば、サロモン・レナックがプリミティヴなトーテミズム的なものの見方をキリスト教の聖餐式に適用したことの意義を否定できないだろう。それと同様に、インセスト仮説をギリシャ神話に適用するというのも拒絶されるべきことではない。光り輝く物事を影の側面から解釈し、そうすることで根源にある恥ずべき穢れへとある意味では貶めていくというのは、確かに私たちの感情にとって苦痛なことである。しかし私は、もしも影の側面を説明することによって何かが破壊されてしまうのだとすれば、それはその美しい物事の弱さであり、人間の弱点だと考える。フロイト的な解釈に対する恐れはもっぱら、高いものは常に深いものの上に立っているということに、そして「両極端は互いに触れている」というのがまったく妥当な真実だということにいまだに気づかない、野蛮で子どもじみた私たちの素朴さに由来するものなのだ。ただし、光が影の側面から説明されたなら光がもはや存在しなくなるなどと考えるのであれば、それは間違っている。これはフロイト自身も陥ってしまった、悲しむべき誤りだ。影は光に欠くことのできないものであり、悪は善に欠くことのできないものである。逆もまた然りだ。それゆえ私は、解明によって私たち西洋の幻想と限界とにもたらされた衝撃について嘆く気にはなれない。むしろこのことを、計り知れないほどの意義を持つ必然的かつ歴史的な修正として、歓迎すべきものだと考えている。私たちの同時代人であるアインシュタインの数学的－物理学的相対主義において具体的な形となった、哲学的な相対主義がそれと共に浸透してきているからだ。そして根底においてそれは、どれほどの影響をもたらすものなのかいまのところ見通しさえついていない、はるかなる東洋の真実なのである。

知的な観念ほど何の効力も持たないものはない。しかしある観念が、一見したところでは成育史的な因果関係を持つことなく、じつにさまざまな領域に忍び込んでいく**こころの事実**になっている場合には注意が必要となる。こころの事実となった観念は、人間やその頭脳よりも強力な、論理的な意味でもモラル的な意味でも、否定も批判も受けつけることのない力だからだ。人はこうした観念を自分が作り出していると考えるが、実際にはそれこそが人間を作っているのであり、それゆえ無意識的にはこうした観念の単なる代弁者になってしまっているのである。

再び固着という問題へと戻っていくために、解明とはどのような効果を持つものなのかという問いについて、ここで論じておこう。固着をその薄暗い背景に戻すということは、患者の立ち位置を価値下げするということである。患者は自らの要求が何の役にも立たない子どもじみたものであるということを見過ごすわけにはいかなくなり、場合によってはそれを通じて、勝手気ままな権威の持ち主という高い位置から、ある種の自信のなさの感覚という遜った水準へと降りていく。この自信のなさの感覚は、治癒をもたらすものかもしれない。また別の場合には、他者への要求とは幼児的な怠惰であり、自らが抱えるべきより大きな責任に置き換えなければならないものだったと認識するようになる。

洞察が何かを伝えれば、そこからモラル的な結論が引き出されることになるだろう。あるいは、自分が不十分な存在だという納得を得たことを武器にして、生存競争へと身を投じ、それまで自らを子ども時代という楽園に執拗にしがみつかせるか、あるいは少なくとも後ろを振り返ってこの楽園をのぞき見させてきた力や憧憬を、仕事や経験を前進させることの中で消費していくことになる。できるかぎり感傷や幻想を持つことなく、正常に適応していくこと、そして自分が必ずしも有能ではないということに関する寛容さを持つことが、その人の主なモラル的観念となるだろう。そして弱さと誘惑の場、モラル的および社会的な敗北の場としての無意識からは離れていくというのが、その必然的な結果なのである。

いまや患者にとっての問題は、社会的人間へ向けた教育ということである。これをもって、私たちは第三段階に達することになる。モラル面で感受性の強い性質を持った多くの人に関して言えば、洞察はそれだけで十分な動機づけの力を持っている。しかし、モラルに関連するファンタジーをあまり抱かない人の場合、単なる洞察では効果がない。このような場合、外的かつ差し迫った危急の事態がその人に鞭を振りかざすことがなければ、たとえその正しさについて深く納得がいったとしても、洞察では不十分なのだ。納得のいく解釈のことを理解したものの、根底においてはそれを疑っているような場合などは論外である。還元的な説明の正しさは理解していても、期待や理想をただ単に無価値化するだけでは満足できないという、より分化した精神の持ち主もいる。こういった場合にも、洞察は力を発揮できない。解明という方法は、洞察から自分自身でモラルに関わる結論を引き出すことのできる感受性の強さという性質を、常にその前提としている。もちろん解明は、解釈されることのない単なる告白よりも広い範囲に達する。解明によって少なくとも精神が育くまれ、それによって眠っていたと思しき力を呼び覚ますことができるからだ。この力は治療の助けになってくれるものかもしれない。しかし解明もまた多くの事例で、洞察力を持っているだけの無力な子どもを置き去りにしていくという事実はなお残る。さらに言うと、快とその充足というフロイトの中心的な説明原則は、後の発展が示したとおり一面的であり、それゆえ不十分なものなのである。このひと欠片から、人間のすべてを説明することはできない。あらゆる人がこうした欠片を持っているということに疑いの余地はないが、このひと欠片があらゆるところで中心的なものとはかぎらない。飢えた人に美しい絵画を贈ってみても、その人はパンの方を喜ぶだろう。恋愛の最中にある人を合衆国大統領に任命してやったとしても、その人はきっと愛する人を自らの腕で抱きしめることの方を選ぶはずだ。平均して言えば、快という欠片から容易に説明できるのは、適応の下方に位置する人たち、別の言葉で言えば社会的に満たされていないからこそ承認や力を求める欲求を抱いている人たちではなく、社会的適応や社会的地位に困難を覚えない人たちの方である。兄弟を例にして述べてみよう。父親を範として社会的な力を手にする兄の方は、自らの快に悩まされることになる。それに対して弟の方は、自分が父親からも兄からも虐げられ、冷遇されていると感じ、野心や承認欲求によって悩まされることになる。そして弟はそれ以外のあらゆる物事をこの情熱に従属させてしまうので、それらが彼にとって、少なくとも生に関わる重要な問題となることはないだろう。

解明のシステムにおけるはっきりとした隙間がここにあり、フロイトのかつての門下であるアードラーはそこへと足を踏み入れていったのだ。神経症の多くの事例が、快楽原則よりも力への欲求によってよりよく、また満足のいく形で説明可能だということを、アードラーはじつに説得力のあるやり方で証明してみせた。つまり、アードラーの解釈の意図するものとは、その人がいかにして虚構の承認を手にするために症状を「アレンジ」し、神経症を利用しているのかを、患者に示していくということなのだ。転移やその他の固着でさえも力への意志に奉仕するものであり、その意味では錯覚された虐げに対する「男性的抗議」だということを示していくのである。明らかにアードラーの念頭にあるのは、その人が抱く唯一の情熱が承認欲求であるような、虐げられている人、社会的に成功していない人の心理である。このような場合に神経症的になってしまうのは、いつまでも自分が虐げられていると錯覚し、虚構を供として風車との戦いを繰り広げていることが原因なのだ。そしてその際、当人が一番欲している目標がもっとも効果的な方法で実現不可能なものになってしまうのである。

　アードラーが手をつけはじめるのは、本質的には解明の段階である。より正確に言うと、先に示唆した意味での解明の段階であり、その点ではアードラーもまた洞察に訴えかけている。ただし、単なる洞察に過剰な期待をかけずに、それを超えて社会的教育の必要性を明確に認識したというのがアードラーの特色である。フロイトが研究者であり、解釈を下す人であるのに対し、アードラーは主として教育者なのだ。洞察に価値があるのは確かだろう。けれどもアードラーは、患者の中の子どもにそうした洞察だけを持たせて、寄る辺なく立ち尽くさせたままにするような真似はしない。そうではなく、あらゆる教育手段でこの子どもを正常に適応する人間にしようとするのだ。そうすることによって、アードラーはフロイトの負の遺産を引き受けているのである。そうした背景に、社会適応と正常化とは人間の本質の追求すべき目標、無条件に必要なもの、望ましい実現だという信念があったのは明らかだ。アードラー学派が社会の広い範囲に有効であることも、時に無意識の否認にまで至っているかのように思えるほど無意識に背を向けていることも、こうした基本姿勢に由来するものなのである。フロイトによる無意識の強調からの方向転回は、おそらく避けようのない反動なのだろう。この反動は、適応と治癒とを求める患者が、先にも述べたとおり誰しも無意識に自然と背を向けるようになることに相当する。無意識が有史以前の泥の堆積を含む、人間の本質のあらゆる悪しき影の側面の単なる容器に他ならないというのがもしも本当だとすれば、かつて嵌っていた泥沼の中になぜ必要以上に長く留まりつづけなければならないのか、わからなくなるのも無理のない話だ。この泥水は研究者たちにとっては驚きに満ちた世界を意味するのかもしれないが、普通の人々にとっては背を向けておきたいものなのである。原始仏教が一切の神を持たないのは、二百万近い神々の座という背景から離れていかなければならなかったからだ。それと同様に心理学のその後の発展も、たとえばフロイト的な無意識のような本質的に否定的なものからは、必然的に一定の距離をとらなければならなかったのである。アードラーの方向性の教育的な意図は、フロイトが歩みを止めるまさにその場所から始まる。そしてそれはその際に、洞察が得られたのならば、その後は正常な生への道も見つけていきたいという、十分に理解可能な患者の欲求に応えていくものなのである。もちろん自らの病がいかにして、そしてどこから生じたのかを知るだけでは十分ではない。原因の洞察によって簡単に病の除去までもがもたらされることなど、めったに起こることではないからだ。間違った神経症的な道のりがそれと同じくらい頑固な習慣になってしまう場合もある。この習慣は練習によってはじめて教育可能なその他の習慣に置き換えられないかぎり、いかなる洞察が生じても消失することはない。これは注目に値する事態だ。そしてこのような仕事は、本当の意味での教育によってのみ達成可能なものなのである。教育という言葉本来の意味で、患者を別の道へと「引いて」[viii]行かなければならないのだ。これは教育的な意志によってのみ達成可能なことである。なぜアードラーの方向性が教師や聖職者の間でもっとも多くの賛同を得ているのか、その一方でなぜフロイトの方向性が、ことごとく悪しき看護人であり、悪しき教育者である医師や知識人の間で主に人気を博しているか、このことから理解できる。

私たちの心理学の発展のそれぞれの段階には、それ自体に一定の割合で固有の妥当性がある。カタルシスは徹底的に心のうちを吐き出すことによって、こう信じさせてくれる。「いまこそそのときだ。何もかもが露わに、何もかもが明らかになった。あらゆる不安を経験し、あらゆる涙を流した。今度こそきっとうまくいくはずだ」。解明はそれと同じくらい説得力のある方法でこう述べる。「いまや神経症がどこからやってきたのかがわかった。大昔の記憶が掘り起こされ、最後に残った根も抜き取られた。転移は子ども時代という楽園に関する願望充足的なファンタジー、もしくは家族ロマンへの逆行に他ならなかった。錯覚を脱した生への、正常性への道は開けたのだ」。最後に教育が登場し、次のように指摘する。「歪んで成長してしまった木を、告白や解明でまっすぐに伸ばすことはできない。

その木をまっすぐにできるのは、矯正用の格子垣を用いる庭師の技だけだ。そうすることではじめて、正常な適応に手が届くのだ」

感情的な意味ではそれぞれの段階に妥当性がある。この奇妙な妥当性がもたらしたのは、夢解釈についでは何も聞いたことがなさそうな現代のカタルシス療法家や、アードラーについて何も理解していないフロイディアン、無意識について何も知ろうとしないアドレリアンといった存在である。各々がその段階に固有な妥当性に囚われている。この領域における説明を非常に困難なものにしている意見や見解の混乱は、そこからやってきているのだ。

しかし、あらゆる側面に対してあまりにも権威主義的な固執を引き起こしている、これこそが妥当だというこの感情は、いったい何に由来するものなのだろうか。

私としてはこう説明する以外ない。各々の段階はどれも妥当な真実に基づくものであり、だからこそ個有の真実を決定的なあり方で証明するような事例が繰り返し生じているのだ、と。欺瞞に満ちた私たちの世界の中では、ひとつの真実はあまりにも貴重なので、辻褄の合わなさそうな二、三のいわゆる例外があることを理由にして、それを手放すような真似は誰もしたがらない。そして、その真実を疑う人が裏切り者と見なされてしまうのも、避けようのないことなのである。狂信と不寛容という特色が至るところで議論に混ざり込んでしまうのはこのためなのだ。

しかし、認識という篝火を運ぶのは、誰しも他の誰かがそれを受け取るまでの間だけである。もしも個人的なものではないあり方でこの過程のことを理解できれば、たとえば私たちは真実を個人的に創造したのではなく、その代表者、同時代のこころの必然性についての単なる発言者なのだという風に考えることができたならば、きっと悪意や皮肉の多くが回避され、また人間のこころが持つ個人を超えたところにある深い関連性を見抜けるほどに、私たちの目も開かれることになるだろう。

臨床的なカタルシス療法家は、自動的にカタルシスのみを生み出すことしかしない、単なる抽象観念などではない。このようなことは概してわざわざ釈明するまでもないはずだ。カタルシス療法家もまた一人の人間であり、自らの領域に制限されながら思考しているとは言え、行為においては全体的人間として仕事をしているのである。本人がそう呼んでいなかったとしても、あるいは明確にそう意識していなかったとしても、その人は無自覚なまま解明や教育のかなりの部分を行っている。他の立場の人たちがカタルシスを原則として強調しているわけではなくても、それを行っているのと同様である。

生きとし生ける者はみな生きている歴史であり、それどころか私たちの中にはいまでも冷血動物が暗に生き残っている。[ix] これまで論じてきた分析心理学の三つの段階も、最後のものが前の二つを食い尽くしたり、それと置き換わってしまったというような真実ではない。そうではなく、それぞれが同一の問題に関する複数の基本的観点であり、赦免が告解と矛盾しないのと同様に、内部で矛盾し合うようなことにはならないのである。

同じことが第四の段階、すなわち変容の段階にも当てはまる。この変容というものも、自らを到達済みかつ唯一妥当な真実だなどと主張すべきではない。これもまた、以前の段階が残したままにしておいた隙間へと足を踏み入れていくものだというのは確かだが、それはただ単に以前の欲求を超えたさらなる欲求を満たしているというだけのことである。

　変容の段階が目標とするものは何なのか。そして、おそらくは多少風変わりな印象を与えるであろう、この「変容」という名称が意味するものは何なのか。これらを明確にするためには、それ以前の段階では引き受けることのできない人間のこころの欲求とはいったい何なのかという点について考えてみなければならない。別の言葉で言ってみよう。正常に適応する社会的存在となることよりも先の、それよりも高い要求などというものがありうるのだろうか。正常な人間であるというのは、考えうる中でもっとも有益かつ合目的的なことである。しかし「適応」という概念と同様に、「正常な人間」という概念の中にはすでに平均の範囲への制限が存在している。この制限のことを望ましい改善と思えるのは、たとえば神経症のせいで正常な生活の基盤を作ることができない人のように、普通の世界をただやり過ごすことでさえ苦労している人たちだけだ。成功していない人たち、まだ一般的な適応水準の下に位置しているすべての人にとって、「正常な人間」は理想的な目標である。しかし、平均的な人間をはるかに超えた力を持つ人、成功することや十分以上の成果を生み出すことにそれほど苦労を感じてこなかった人、このような人たちにとって、正常を超えたものであってはならないという観念やモラル的強制は、プロクルステスのベッドの極致、死ぬほど耐え難い退屈、不毛かつ何の希望もない地獄に他ならない。これに応じる形で、正常な存在になれないことが原因で病気になってしまう神経症患者と同じくらい、自分が単なる正常な存在にすぎないことが原因で病気になってしまう神経症患者も数多く存在するのである。このような人たちにとって、誰かが自分のことを正常性へ向けて教育しようとするかもしれないなどという考えは、悪夢も同然だ。実際に彼らがもっとも深く必要としているものとは、普通ではない生を送っていけるようになるということなのだから。

人はすでに食べ飽きてしまったものを食べても、それには満足しない。それと同様に、人間が充足や満足を見出すことができるのは、いつでもいまはまだ手にしていない何かの中なのである。社会的かつ適応的な存在になろうとすることが児戯にも等しいほど簡単に感じられる人にしてみれば、社会的存在であることや、適応した存在であることには何の魅力もない。適切な行いのできる人からすると、適切な行いは長い目で見れば必ず退屈なものになってしまう。一方で、いつも間違いを犯してしまう人にとっては、間違わないようにするということは、秘かな憧れを抱きつつも、実際にははるかに遠いところにある目標なのである。

人間の欲求や人間が必要とするものはさまざまだ。ある人にとっての救済は、別の人にとっては監獄である。正常性や適応に関しても同じことが言える。人間は群棲動物であり、社会的な営みにおいてのみ完全な健康を手にすることができると生物学的命題は述べる。ところがきっとすぐに別の事例がこの命題を逆さまにし、非正常かつ非社会的に生きるときにのみ、人間は完全に健康になるということを証明してしまうだろう。現実の心理に、普遍妥当の処方や規範などというものは絶望的なまでに存在しない。存在するのは多種多様な欲求や要求を持つ個々の事例だけであり、それらがあまりにも多様なせいで、根本的に言えばひとつの事例がどのような道を辿ることになるのか、事前に知ることなど不可能なくらいだ。それゆえ医師にとっては、あらかじめ抱いていた考えはすべて棚上げしておくのが一番なのである。しかし、それはあらかじめ抱いていた考えを放り捨てるという意味ではない。そうではなく、そういった考えは可能性のある説明の仮説として、その事例に適用されるべきものなのである。それは何かを教えたり、納得させたりするためのものではなく、むしろ自分という個別の事例に医師がどのように応対するかを患者に示すためのものなのだ。どれほど歪曲、あるいは反転させてみたとしても、医師と患者との関係とは、医学的治療という非個人的な枠組みの内部で行われる、ひとつの個人的な関係だからである。どのようなトリックをもってしても、治療が患者と医師の双方の全存在が関与する相互的な影響の産物であることは回避できない。治療において生じるのは、二つの非合理的な事象、すなわち二人の人間の出会いである。この二つの事象は輪郭をはっきりと示すことのできる一定の大きさを持つものではなく、明確なものと思しき意識の傍らに、測り知れないほど広大な無意識の領域を携えている。医師が何を言うか、何を考えるかが、過小評価すべきではない障害要因、もしくは治療要因となる場合もある。とは言えそのようなことよりも、医師（および患者）のパーソナリティの方が、こころの治療の結果にとってははるかに重要なことが多い。二つのパーソナリティの遭遇とは、二つの異なる化学物質を混合するようなものである。もしも化合が生じたのだとすれば、それは両者が変化したということだ。本来のこころの治療であればいつでもそう期待してよいことだが、医師は患者に影響を与えている。ただし、この影響は医師自身も患者から影響を受けている場合にしか生じない。影響を与えるということは、影響を受けることに等しいのだ。患者の影響から身を隠したり、父親的－職業的権威という臭気で身を覆ったりしてみても、医師にとっては何も得るものがない。そんなことをしてみても、きわめて本質的な認識の道具の使用を放棄するだけになってしまうのである。患者は医師に無意識的に影響を与えており、医師の無意識に変化をもたらす。患者が持つ、言わば化学的影響のことを痛烈に示す、この職業にはまさに付きもののこころの障害物、もしくはこころの害そのもののことをよく心得ている心理療法家はきっと多いはずだ。この種のもので、もっともよく知られている現象が、転移によって引き起こされる逆転移である。ただしこうした作用が、病が健康な人にうつる[xi]という昔ながらの考え以外では言葉に表せないような、はるかに微妙な性質を持っていることも多い。この場合、その健康な人は自らの健康さをもって病魔を克服しなければならないのだが、これには必ず自らの健康状態への否定的な影響が伴うものなのである。

　医師と患者の間には非合理的な関係性要因が存在し、それが相互的な変化をもたらす。その際に決定的な影響を与えるのは、より安定し、より強いパーソナリティの持ち主の方である。ところが、あらゆる理論や職業的意図に反して、そして必ずとまでは言えないものの、たいていは医師に不利な形で、患者の方が医師を同化してしまったという事例も、私は数多く見てきた。

　変容の段階とはこうした事実に基づくものであり、この事実について明確に認識するためには、四半世紀以上にも及ぶ包括的な臨床経験が先にもたらされなければならなかった。そしてフロイトでさえもこの事実を認めて、医師自身も分析されなければならないという、私が行った要求を承認したのである。

では、この要求はどのような意味なのだろうか。それは、患者と同じように医師もまた「分析の中にいる」という意味に他ならない。医師も患者も治療というこころの過程の構成要素であり、それゆえ変容をもたらす影響力に同じように曝されているのである。いや、それどころか、医師がこういった影響を受け入れないということが明らかになれば、その分だけ患者にもたらす影響も奪われてしまうのだ。そして医師がもっぱら無意識的に影響を受けているかぎり、医師の意識領域には隙間が発生する。この隙間は、医師が患者を正しく見ることを不可能にしてしまう。どちらの場合も、治療の結果は大いに損なわれることになる。

医師はたとえば社会的に適応した存在になるという課題を、また別の事例においてはまさに非適応的になるという課題を、患者に負わせようとする。しかし医師もまた、それと同じ課題を背負わされているのだ。もちろん治療的な要求は、それぞれの流儀に応じてさまざまな形式を装いうる。幼児性の克服に信を置く人は、自分自身の幼児性を克服しておかなければならない。あらゆる情動の除反応に信を置く人は、自分自身のあらゆる情動を除反応しておかなければならない。完全な意識性に信を置く人は、その人自身が意識性を獲得していなければならない。あるいは患者に及ぼそうとする影響力が適切なものだと自負したいのであれば、自らの治療的要求を満たすことができるよう、少なくとも絶えず目指していなければならない。治療に関するこういった基本的な考え方はすべて、少なからぬ倫理的要求を意味する。それらはみな突き詰めれば、ある真実に集約することになる。つまり、何かとして影響を与えようとする、その何かであらねばならない、と。昔から単なる言葉は空虚なものと見なされてきた。そしてこの単純な真実をいつまでも欺きつづけることのできるような小賢しいトリックなど、けっして存在しないのだ。いつの時代でも影響をもたらしてきたものとは、どこから納得を得たのかではなく、納得を得たということそのものなのである。

分析心理学の第四段階とは、各々が信を置いているシステムを、翻って当の医師本人にも適用することを求めるものなのである。さらに言えば、医師が患者に対して示すのと同じくらいの、手加減のなさ、徹底さ、粘り強さをもって、それを行わなければならないのだ。

患者の間違った歩み方や推論を、そして幼児的な秘密をすべて明らかにするために、精神科医はかなりの注意力と批判精神をもって、患者の言うことを辿っていかなければならない。それらの度合いのことを考えてみれば、同じことを自分自身に対しても行うというのが、実際にはけっして簡単に達成可能なものではないとわかるはずだ。たいていの場合、自分自身というものはたいして興味深いものではないし、内省という努力に対して報酬を支払ってくれる人はどこにもいない。そのうえ、いまだに本当の人間のこころに対する軽蔑は至るところであまりに大きく、自己を観察することや自分自身に取り組むなどということは、それだけでほとんど病的なものと見なされてしまう。人は明らかに、自らのこころの中に健康さの気配さえ感じていないのだ。だからこそ、自分自身に取り組むというだけで、もう病室の匂いがするのである。医師は自分自身に関して、この抵抗を克服しなければならない。自分自身が教育を受けていなければ、どうやって誰かを教育するというのか。自らが自分自身に関する暗闇の只中にいるのに、どうやって解明を行うのか。自分自身が不純なままなのに、どうやって浄化するというのか。

教育から自己教育への一歩は、それ以前の段階すべての不足を補う、論理的な前進である。変容の段階の要求とは、医師は自らが変化することで患者をも変化させることができるようにならなければならないというものだ。すぐにわかるとおり、これはどちらかと言えば、あまり人を惹きつけることのなさそうな要求である。その理由は第一に、実用的ではないように思われるということ。第二に、自分自身に取り組むということそれ自体が好ましくない偏見を免れることができないものだということ。そして第三に、患者に向ける可能性のある期待をすべて自分自身で満たさなければならないというのは、時として非常に苦痛なこともあるということだ。この要求の人気のなさに特に貢献しているのは、最後の第三の理由である。つまり、自分自身を教育しよう、治療しようという者はすぐに、決定的に正常化に逆らう何か、あるいは絶え間ない解明や徹底的な除反応にもかかわらず、いつまでもまったく忌々しいあり方で辺りをうろつき回っている何かが、自らの本質の中に存在するということを発見してしまうのだ。その人は、このような物事をどうするだろうか。医師はそのような場合に患者がどうすべきかについてはいつでもよく知っている――それについて知っている職業的な義務さえ負っている。しかし、自分自身の番がやってきた際にはどうするだろうか。さらに言うと、深い確信をもってそうするにはどうしたらいいのだろうか。あるいは、その人にとって一番近しい人の場合はどうだろう。探求に際して、医師は自らの中に劣った何かを発見することになる。それらは危険な形で医師を患者たちに近づけ、それどころか医師の権威を脆弱にしてしまう。この苦痛を伴う発見を、医師はどのように扱うだろうか。自分のことをどれほど正常だと思っていようとも、ある意味では「神経症的」なこの問いが医師自身に深く根ざすことになる。医師は次のことも発見するだろう。患者と同じくらい彼の心に重くのしかかるこの究極的な問いは、どのような治療をもってしても解決できるものではないということを。他の誰かにそれを解決してもらうというのは、相変わらず子どもじみたやり方であり、いつまでも自分を子どもじみたままにするやり方だということを。そして解決が見つからなければ、そのときは必ずこの問いが再び抑圧されることになるだけだということを。

こころに関して未知のことがあまりにも多い現状では、ほとんど関心を持ってもらえることではないと思われるので、自己を探求していくことを通じて投げかけられた一連の問題について、さらに追及するのは止めにしておこう。

それよりも強調しておきたいことがある。それは、分析心理学の最新の発展は人間のパーソナリティの非合理的要素という大問題へと通じるものであり、また医師自身のパーソナリティのことを治療要因、もしくはその反対のものとして前面に押し出しているということである。そしてその際には医師自身の変化、すなわち教育者の自己教育が必要なのだ。これをもって、私たちの心理学の歴史において客体的な形で生じたもののすべて、すなわち告白、解明、教育は、いまや主体的な段階へと高まっている。別の表現で言おう。患者に行われてきたことは、医師にも行われなければならない。そうすることによって、医師のパーソナリティが不都合をもたらすことなく患者に遡及的に作用を及ぼしていくのである。医師は他の誰かの問題を治療していることを理由にして、まるで自らには何の問題もないかのように、自分自身が抱える困難を避けようとしてはならないのだ。

かつてフロイト学派は無意識的な影の側面を広い範囲で発見したせいで、宗教心理学的な問いまで説明していかなければならない立場に突如として置かれることになった。それと同様に、最新の変化は医師の倫理的態度を避けられない問題とする方向へと向かっている。この問いと分かちがたく結びついている自己批判と自己探求には、こころに関する、従来のただ単に生物学的な見解とはまったく別の見解が必要となるだろう。人間のこころとは、単なる自然科学志向の医学の対象などではないからだ。患者だけではなく、医師もまた人間のこころである。人間のこころは客体であるだけではなく、主体でもある。そして人間のこころとは脳の機能であるだけではなく、私たちの意識性の絶対条件でもあるのだ。

かつて医学的治療の方法であったものが、ここでは自己教育の方法となり、それによって私たちの心理学の地平線は突如として予想外の方向への広がりを見せている。決定的な影響をもたらすのはもはや医師の学位ではなく、人間的な質である。この変化の意味は大きい。患者を相手とした絶え間ない訓練の中で発展、洗練、体系化してきた、精神科医の技術に関わる知見のすべてが、自己教育、すなわち自己の完成に貢献するようになり、そしてそれによって分析心理学はこれまで医師を診察室の中に監禁してきた鎖を粉砕することになるからだ。分析心理学は自らを乗り越え、これまでは東洋の文化と比べてみれば西洋の文化が抱えるこころの欠点であった、大きな隙間の中へと踏み込んでいくのである。私たちはこころを征服すること、調教することしか知らず、こころとその機能を体系的に発展させることについては何も知らなかった。私たちの文化はいまだにあまりにも幼い。対抗してくる野蛮や野性に少なくともそれなりの形を与えるためには、幼い文化には獣を調教するためのあらゆる術《すべ》が必要である。しかし、より高次の文化段階においては、発展が強制の代わりとなるべきであり、またそうなるはずなのだ。そのためにはすでに述べたとおり、これまでの私たちには欠けていた道筋や方法が必要である。分析心理学の知見と経験は、少なくともそのための土台を敷くことができるのではないかと私は思っている。もともとは医学的心理学であったものが医師自身を対象としたその瞬間に、分析心理学はただ単に病気の人のための治療法であることを止めたのだ。分析心理学はいまでは健康な人、あるいは少なくともこころの健康をモラルの面で求める人を扱っている。したがって最大に見積もれば、こうした人たちの病はあらゆる人を苦しめている苦悩なのかもしれない。公共財産になるという要求をこの心理学が掲げているのはそのためだ。より正確に言うと、それぞれがひとつの普遍的な真実の担い手であった以前の各段階よりもさらに高い水準で、分析心理学とは公共財産となるべきものなのである。しかし、この要求と今日の現実との間にはいまもなお深い溝があり、その溝に橋は架かっていない。石をひとつひとつ積み上げて、その橋を造っていかなければならないのである。

医学と心理療法

医師の方々を前にしてお話しするとき、私はいつもある種の難しさを覚えます。それは一般的な医学と心理療法の間に存在する、病理に関する見解の違いに橋渡しをすることの難しさです。この違いは多くの誤解の源となっていますので、心理療法と医学との特別な関係性を明らかにするのに適切と思われる何らかの考えをこの短い報告の中で述べるというのは、私にとって切実な課題と言えます。周知のとおり、差異が存在する場所では、共通点を強調するための善意ある試みは何の役にも立ちません。けれども本来の関心から言って、いかなる状況でも医学におけるもともとの立ち位置を失わないでいるというのは、心理療法家にとって非常に重要なことです。そしてそれはまさに、心理療法家の経験の特質とは今日の医学の中にはもはや居住権を持たない、あるいは――こう言った方がいいかもしれません――まだ持ったことがない、ある種の思考法と関心とを強いるものであるからなのです。このどちらの要因も、医学関係者からすれば遠くにあるように思われ、心理療法家ではない人には概してその臨床的意義を説明しにくい、関心領域へと心理療法家を導いていきます。事例報告の記述、あるいは奇跡的に成功した治療といったものから、心理療法家ではない人が学べることはほとんどありません。あったとしても、それがまったくの間違いであることも多いのです。私は、たとえば本物の神経症の事例をこれからも経験していきたいと思っています。そのような事例については、短い講演の中ではおおよそのことしかお話しできないでしょうし、治療のあらゆる重大な転回点のことは言うまでもありません。

さて今回は、医学的な手続きの三段階――聴取（アナムネーゼ）、診断、治療――を心理療法的観点から簡単に解明していくことにしましょう。その際に私が前提と考えている病像は、純粋な精神神経症です。

一般的な医学、特に精神医学において慣例となっているとおり、最初に行われるのは聴取（アナムネーゼ）、すなわちできるだけ間違いのない既往歴上の事実の素材をまとめ上げようと試みることです。けれども、心理療法家はこれらの事実にけっして満足しません。供述内容が不十分だということだけではなく、自分自身に関する供述に固有の誤りのもとを、心理療法家はよく承知しています。つまり患者の供述とは、それそのものは信じるに足るように思えたとしても、病因に関して言えば誤った方向へと導きかねない事実を、意図的にせよ気づかぬうちにせよ、前面に押し出そうとするものなのです。まるでこの点に関して無意識的な合意でも存在するかのように、こうした描写の仕組みの中には、よい意味でも悪い意味でも患者の全世界が含まれているかもしれません。どんな場合であっても、もっとも重要な事柄をそのまま聞き出すことはできないとの心構えが必要なのです。そのため心理療法家は、目の前の症例とはまったく無関係であるかのように思える物事について、苦労を重ねながら尋ねていくことになります。そこで必要とされるのは専門知識だけではありません。直観や閃きもまた大切であり、質問の網の目を広く張り巡らすことができれば、その分だけ早くその事例の複雑な本質を捕まえることができます。人間の全体性から生じたものであることが原因で局所の特定が不可能な病であったなら、それは精神神経症です。精神科医であれば、少なくとも脳疾患を「あてにする」ことができます。それに対して心理療法家は、たとえ内心ではこうした公理を信用していたとしても、それと同じことをするわけにはいきません。目の前の事例が要求しているのは、障害の徹底的な心的治療であり、それは脳の症状とは無関係なものだからです。むしろ反対に、心理療法家が遺伝の存在や精神病的合併症の可能性に心を奪われていればいるほど、治療行為は麻痺させられてしまうことでしょう。したがって心理療法家はよくも悪くも、遺伝的負荷、統合失調症症状の存在などといったきわめて重要な事実を、無視せずにはいられなくなってしまうのです。さらに言うと、こうした危険な物事が特に強調して示されている状況でこそ、まさにそうせざるをえなくなってしまうものなのです。そのため、心理療法家による聴取データの評価が、単なる医学的評価とはまったく異なったものになることもあります。

患者を詳細に調べていけば、そもそもそれが可能であればの話ですが、病気の診断へと行き着くはずであり、この診断の確定をもって予後と治療に関する本質的な決定が下されるというのが、一般的な医学の前提です。心理療法はこの原則に対するはっきりとした例外となっています。神経症的状態に多少なりとも首尾よく名前がつくということを除けば、何も得られるものがないという点で、診断とは取るに足らない事柄なのです。特に予後と治療に関しては、まったく得られるものがありません。その他の医学であれば、確定診断が時には特定の治療と比較的確実な予後を、言わば論理的にもたらしてくれます。それとはっきりと対照的に、何らかの精神神経症の診断とは、心的治療が適切だということを意味するのがせいぜいのところなのです。予後に関して言うと、それと診断とはほとんど関係がありません。神経症の分類とはまったく不十分な代物であり、それゆえ特定の診断が何らかの真実を意味するなどということは非常に稀なのです。そのことを秘密にしておく必要はありません。一般に「精神神経症」という診断は器質性疾患と異なってさえいればそれでよいものであり、この診断にそれ以上の意味などないのです。長い年月を経て、私は特定の神経症診断を度外視することにすっかり慣れてしまったので、言葉にこだわる人から特定の診断をつけるよう求められて困ってしまうということが何度もありました。診断のために必要なギリシャ－ラテン混合語はいまだにそれなりの市場価値を持っていて、時には必要になることもあるようです。

基準に則った仰々しい神経症診断はファサードであり、心理療法家の本物の診断ではありません。心理療法家は見立てをつけます。それを診断と呼ぶこともできるでしょう。しかし、それは医学的なものではなく、心理学的な性質のものなのです。これは患者に伝えるために確定されるものではなく、良識、および後の治療のことを考慮して、通常は伏せておかれます。この見立ては、治療に方針を与える認識に関わるものなのです。科学的な響きを持つラテン語の専門用語で、それを再現することはほぼ不可能です。これに対して、心理療法家に本質的な事情を十分に示すことのできる、日常語の表現ならば存在します。大切なのは医療的な病像ではなく、心理学的な病像なのです。ある人がヒステリー、不安神経症、恐怖症を患っているかどうかは、たとえば「お父さん子」のような、それらよりもはるかに重要な見立てと比べれば、ほとんど何の意味も持たないでしょう。このような診断をもってすれば、神経症の内容や治療において予想される困難について、根本的な何かを言い表すことができます。心理療法における病の認識とは、医療的な病状よりもはるかに、内容となるコンプレクスに基づくものなのです。心理学的診断学はコンプレクスの診断、そしてそれによる状況の記述を目指していきます。医療的な病状では、それらは描写されるよりも、むしろ覆い隠されてしまうのです。本当の病毒は、比較的自律的な心的質量を表すコンプレクスの中に見つかります。意識のヒエラルキーに順応しないこと、あるいは意志に強かに抵抗することを通じて、コンプレクスは自らの自律性を明らかにします。実験[i]によって容易に確認されるこれらの事実の中に、精神神経症や精神病を憑依だとする見解が大昔から存在したことの理由があるのです。その理由とは、コンプレクスとは自我に対するもう一人の統治者のような何かを表すものなのだという印象が、素朴な観察者の胸のうちにも自ずと湧き上がってくるからということに他ありません。

　神経症の内容とは、一度や数度の聞き取りによって見立てがつくような代物ではありません。それは治療の過程ではじめて姿を現すものなのです。これによってパラドクスが生じます。治療の終わりになって、言ってみればはじめて本当の心理学的診断が明らかになるということです。一般的な医学においては、確実な診断は望ましく、また追及すべきものですが、心理療法家にとっては特定の診断をできるだけ知らずにいることが役に立ちます。器質性のものと心的なものとの鑑別診断に問題がなく、真正のメランコリーとは何か、あるいは何でありうるかさえわかっていれば、それで十分です。一般的に言えば、心理療法家が事前に知ることが少なければ少ないほど、治療にはよりよいチャンスが生まれることになります。「わかっていましたよ」という型にはまった態度以上に有害なものはありません。

ここまで聴取（アナムネーゼ）に関して、それが心理療法家にとっては相当に疑わしく感じられるものなのだということを確認してきました。医療的診断は実際に必要な物事にとって、ほとんど無意味なものであるように心理療法家には思えるものなのです。そして最後に治療の中で、医学一般に当てはまるものの見方との最大級の違いが明らかになります。身体疾患であれば、診断をもって特定の治療方針も確定する一連のものがあります。ある病は決まった手段でしか治療できません。けれども精神神経症には、それとはまったく逆のことだけが当てはまるのです。つまり、その病の治療は心的な治療でなければならないということです。治療に関しては、無数の方法、法則、規則、見解、学説が存在しています。ここで注目すべきなのは、どの治療行為も何らかの神経症に関しては望ましい効果を発揮しうるということです。心理療法の領域のさまざまな学説についてはずいぶん仰々しいことが言われていますが、根本的に言えば、それらがたいした意味を持つことはなさそうです。心理療法家であれば誰しも、もしも何かができるのならば、意識的にせよ無意識的にせよ理論から離れて、時にはその人が持つ理論の中にはまったく存在しないあらゆる手段をとる場合があるはずです。時には主義主張に反して暗示を用いることだってあるでしょう。フロイト的な観点も、アードラー的な観点も、あるいは私が知らない他の観点も、避けて通るような真似はしないはずです。心理療法家であれば誰しも、手にしているのは自分の方法だけではありません。その人自身が方法なのです。古の師もこう述べています。「この業《わざ》は身体とこころを持つ人間を必要とする」。心理療法の大いなる治療要因とは医師のパーソナリティなのです。これはア・プリオリに備わっているものではありません。そうではなく最高度の達成を表すものですが、かと言って教条的な図式でもありません。理論を避けて通ることはできませんが、それは単なる補助手段です。そこからドグマが作り出されると、それによってたちまち内的な疑いが押し殺されるようになります。こころの多様性をおおよそのところまででも描き出していくためには、じつに多くの理論的観点が必要なのです。理論に関して一度も意見を統合できていないとして、心理療法が非難されることがありますが、それはまったく逆なのです。統合が意味するのは、一面性と閉塞感だけでしょう。世界と同じく、心をひとつの理論の中で捕まえることはできません。理論とはけっして信仰箇条ではなく、認識や治療の道具であるのがせいぜいのところであり、そうでなければそもそも何の役にも立たないものなのです。

心理療法とは、精神分析やそれに似た何かから、催眠、さらには蜂蜜の外用やハトの糞の服用にまで至る、ありとあらゆる方法で行うことのできるものです。すべての方法で実際の効果を引き出すことができます。少なくとも表面的に見ればそう思えることでしょう。けれどもより詳しく見てみれば、おそらくそれ自体では馬鹿げているはずの何らかの治療法は、その神経症にではなく、その人に関して適切だったのであり、別の人であったならばそれとは正反対のことになっていたとわかるはずです。もちろん存在するのは病気だけではなく、病んだ人間でもあるということは、一般的な医学も重々承知しています。しかし心理療法は、その対象が神経症という虚構ではなく、一人の人間の損なわれた全体性なのだということを、何よりもよく知っている——あるいはずっと前から知っていて然るべきだった——のです。確かに心理療法もいわゆる神経症を、たとえば下腿潰瘍と同じように治療しようとしてきました。下腿潰瘍であれば、患者である女性が父親のお気に入りであったかどうか、カソリック、カルヴァン派、その他かどうか、結婚した男性が年上か年下かなどといったことは、治療にはまったく関係ありません。医学全般がそうしてきたとおり、心理療法も症状と戦うことがその始まりでした。科学的に支持可能な方法としては否定しがたいほど若いものであるのとは裏腹に、心理療法とは医術全般と同じくらい古いものであり、意識的にせよ無意識的にせよ、いつでも医学の領域の少なくとも半分を占めてきたものなのです。心理療法の本格的な前進はこの五〇年以内に生じたものであり、その際、専門化の必要性を理由にして、精神神経症というより狭い領域へと退くことになりました。けれども比較的早い段階で、症状との戦い、あるいは——いまではこう呼ばれるようになりましたが——症状の分析とは事の半分にすぎず、むしろ全《まった》きこころを持つ人間の治療こそが問題なのだということに、心理療法は気がついたのです。

では、全《まった》きこころを持つ人間とは何のことでしょうか。

一般的な医学は主に人間の解剖学的－生理学的に明確な現象に関わるものであり、心的に定義される人間的本質とはほとんど関わりを持ちません。しかし、それこそが心理療法の対象を形作っているものなのです。私たちが自然科学の観点から心を眺めるとき、心は他のさまざまな要因以上に生物学的な要因であるように思えます。人間の場合、この要因は概して意識と同一のものと見なされます。何らかの人文科学的観点から見た場合も、これまでたいていの場合は同じように考えられてきました。こころが生物学的要因だということに、私は完全に同意いたします。けれども私はそれと同時に、心、つまりこの場合は意識とは、あらゆる生物学的要因の中で例外的な地位を占めるものだということに注意を促したいのです。意識がなければ、そもそも世界が存在することさえまったく知られることがなかったでしょう。心がなければ、認識の可能性はまったく成立しないことになるでしょう。対象が最終的に心的イメージとなるためには、まず複雑な生理学的かつ心的な変容のプロセスを経ねばなりません。この心的イメージがようやく認識の直接的対象となるものなのです。世界の存在には二つの条件があります。一つはそれが在ること、そしてもう一つはそれが認識されることです。

心を生体の副次的現象と理解するか、あるいは「それ自体として存在するもの」[ii]と理解するかは、心理学にとってたいした問題ではありません。心とは、他のものに置き換えることのできない固有の現象学を有するという意味で、存在するものとして自らを知り、またそのように振る舞うものだからです。心とは自然科学の何らかの対象と同じく、現象学的に記述可能な生物学的要因なのだということとがここからわかります。心的現象学の発端は、一方ではいわゆる心理生理学および実験心理学に、他方では疾病記述および精神病理学の診断方法（たとえば連想実験や、理性によって描かれたものではないロールシャッハ図版）の中に存在します。けれども大いなる実地教育を提供してくれるのは、こころに関するありとあらゆる生の表れ、人文科学全体、宗教的および政治的なものの見方や運動、芸術などといったものなのです。

先ほど問いを立てた「全《まった》きこころを持つ人間」とは、まさに世界そのものを表しています。つまりそれは、すでに古代の人々が正しく述べることはしたものの、正しく基礎づけることはしなかった、ミクロコスモスのことなのです。心とは存在そのものを映し出し、それを認識するものです。あらゆる物事は心の中で作用しています。

けれどもこのすべてを本当に認識するためには、私たちが古くから抱いてきた心という概念を相当に拡張せねばなりません。私たちはもともと心と意識とを同一のものだと見なしてきましたが、それは経験を通じた批判に持ちこたえることのできるものではありませんでした。医学的哲学者C・G・カールスはすでにこのことをはっきりと予測し、それゆえはじめて明確な無意識の哲学を打ち立てました。今日であれば、彼はきっと心理療法家になっていたことでしょう。ですが当時まだこころは、おどおどした様子で守られていたとは言え、大学の哲学部の所有物でした。そのためまだ医学の領域でこころを論じることはできなかったのです。もっともこの点に関して言うと、ロマン主義的な医師たちによってさまざまな非正統的な試みがなされてはいたのです。特に私の念頭にあるのは、ユスティヌス・ケルナーのことです。意識のプロセスの隙間を仮説上の無意識的過程によって埋めるというのは、つい最近まで手つかずのままでした。無意識的な心が存在するということは、たとえば既知の惑星軌道の乱れから推測される未発見の惑星の存在と同程度には、確かなものであるように思えます。残念ながら確実性を請けおってくれるはずの便利な望遠鏡はないのですが。無意識という概念を導入することで、こころという概念は次の定式へと拡張されることになりました。心＝自我意識＋無意識。

当初、無意識は個人主義的に理解されていました。つまり、その内容はもっぱら自我意識の領域に由来するもので、二次的に（抑圧によって）無意識化したのだと考えられていたのです。後にフロイトは無意識の中にアルカイックな遺物が存在することを認めましたが、その際、それらには解剖学的な逆行現象という意味が与えられることになりました。けれどもそれによって、無意識に関する満足のいく見解からはさらに遠ざかってしまったのです。本当は明白だったはずの物事が、まずは発見されなければなりませんでした。とりわけ以下の事実です。どの子どものもとでも、意識は何年もかけて無意識から姿を現すものだということ。次いで、意識とは単なる一時的な状態にすぎず、この状態は非常に高度な生理学的達成に基づくものなので、無意識の時間、すなわち睡眠時間によって定期的に打ち破られるものだということ。そして最後に、無意識的な心は人生の中のより長い方の時間だということだけではなく、その存在の連続性もまた認められて然るべきものだということです。ここからは、本来の心とは無意識であり、一方で自我意識は一時的な副次的現象にしか値しないとの本質的な結論が明らかになります。

古代の人々は心理生理学的な人間にミクロコスモスという心の特性を割り当てました。この特性を自我意識に帰してしまっては、自我意識の過大評価を意味することになるでしょう。けれども無意識を伴うというのであれば、事態はまったく異なります。無意識とは、その定義からも実際にも、輪郭をはっきりさせることのできないものです。したがってそれは小さな範囲でも大きな範囲でも、境界を持たない何かだと見なされなければなりません。私たちがそれをミクロコスモスと呼ぶことができるか否かは、もっぱら次の問い次第ということになります。それは個人の経験を超えた世界の一部、すなわち個人的に獲得されたのではなく、ア・プリオリに存在する何らかの定数が無意識の中に存在すると示せるかということです。本能学説や昆虫と植物の共生に関する生物学的経験から、このことはすでに以前から周知のものとなっています。けれども心の場合、すぐに「遺伝的表象」に関する懸念が生じてしまうのです。ここで問題となっているのはそのようなもののことではありません。むしろア・プリオリな、すなわち出生前に決定される態度や機能のあり方のことです。ニワトリは世界中のどの場所でも似たような方法で卵から姿を現します。それと同じような心的機能のあり方も存在すると推定されるのが当然なのです。すなわちどの場所でも、どの時代でも、伝統に関係なく、考え、感じ、想像する、一定のあり方を示すことができるということです。この予想の正しさの全般的証拠のひとつとなるのが、類似した神話素、すなわちバスティアンの言う「民族思考」、あるいは原初的観念が至るところに分布しているということです。さらに特別な証拠となるのは、直接的な伝播など考えられないような個々人のこころの中に、それらが土着のものとして繰り返し生み出されるということです。これに該当する経験的素材は、夢、ファンタジー、妄想の産物などから成り立っています。神話素とは以前であれば心の中に構造的に含まれている「世界の一部」と呼ばれていたもののことです。それらは至るところで、そしてあらゆる時代において、比較的同一の形で姿を現す、あの定数を表しています。

驚きのあまり、こうお尋ねになる方もおられることでしょう。「結局、この話はみな治療と関係のある話なのですか」と。神経症が何らかの形で本能の障害と結びついているというのは、おかしな話ではありません。けれども生物学が示しているとおり、本能とはけっして盲目的で自然発生的な、そして孤立した衝動などではありません。本能とはむしろ典型的な状況のイメージと密に結びついたものであり、目下の条件がア・プリオリな状況のイメージと一致しない場合には、そもそも解き放つことのできないものなのです。神話素の中に姿を現す集合的内容は、本能的衝動の解放ときわめて密接に結びついた状況のイメージを表しています。それらに関する知見が心理療法家にとって高度な臨床的重要性を持つのは、こうした理由からなのです。

このようなイメージ、そしてそれらの特性についての研究が、医学からは果てしないほど遠く離れたところにあるように思える領域へと導くものであることは明らかです。自らの立ち位置が大学の中のありとあらゆる学部の中間にあるということは、経験的心理学の運命的な僥倖であり、また不幸でもあります。そしてそれはまさに、人間のこころがあらゆる存在の前提の少なくとも半分を形成するものであり、それゆえあらゆる学問に関わるものだということに由来しているのです。

心理療法は医療的に把握可能な症候論、すなわち医学的な見立てと共通点を有しています。ただしそれらはすべて、重要ではないとまでは言えなくとも、医学的な病像は仮のものであり、その点で副次的なものなのだということが、私がお話しした内容から明らかになったと思います。本当のもの、本質的なものとは、病理的症状のベールの背後にあって、治療の過程ではじめて発見することができる、心理学的な病像なのです。心なるものの本質へと近づくためには、医学的領域に由来する理解では不十分です。医術の一部としての心理療法が、納得するに足るさまざまな理由からけっして医師の手から離れるべきではなく、それゆえ結局のところ大学の医学部で教えられるべきものだというのなら、他の学問から多くの物事を借りてくることが必要になります。その他の医学分野もそれと同じことを大昔からしてきました。けれども、一般的な医学が自然科学からの借用だけで間に合うのに対し、心理療法は人文科学の助けも必要としているのです。

本来であれば、一般的な医学と心理療法との相違点に関する私の説明の不足を補うためには、治療の最中に生じるものであり、そして医学において他に類するものを見ないものでもある、心的過程の現象学について描写すべきだったでしょう。けれども、そのような試みは私の報告の枠を超えてしまうと思いますので、それについては断念しなければなりません。私が述べることを許されたわずかばかりの物事が、心理療法と医学との関係性を多少なりとも明らかにするものであったと、そう願いたいと思います。

現代における心理療法

心理療法とヨーロッパ精神の現代情勢との関係について詳細に検討するというのは、おそらくそれ自体は重要な課題なのでしょう。ですがきっと、このように向こう見ずな試みを前に尻込みしてしまったとしても、誰からも悪く思われることはないはずです。現代におけるヨーロッパのこころの状態、そして精神的な状態に関して、自分の描写こそが正確で、現実と一致したものだと保証できる人など果たして存在するのでしょうか。前代未聞の出来事の当事者、同時代人として、今日のヨーロッパの筆舌に尽くしがたい政治上、および世界観上のカオスの中で、曇りのない目で判断を下し、はっきりと物事を見通すことなど、そもそも私たちに可能なのでしょうか。それとも私たちはいっそ心理療法の境界線をより狭く引き、この世の終わりに半ば等しい出来事にも無関心でいれるような、専門家のための控え目な片隅に自分たちの学問を限定しておくべきなのでしょうか。たとえそうした遠慮が推奨されるべきものであったとしても、それは「こころの治療」である心理療法の本質とはまったく相容れないものなのではないかと私は懸念します。「心理療法」という概念をどの範囲で指し示していようとも、その中には大いなる自負が存在します。こころとはあらゆる行いの故郷、そしてそれゆえに人間が望んだあらゆる出来事の故郷ではないのか、と。こころという果てしなく広い生の領域から任意に限定された一部を切り出し、いわゆる心理療法のための私的な遊び場に指定するなどというのは、単に困難だというだけではなく、まったく不可能なことでしょう。確かに医学は専門領域、すなわち神経症と精神病という領域への限定を余儀なくされてきました。治療という臨床的な目標にとって、それは適切かつ可能なことでもあります。けれども心理療法が自らの問題性をただ単に技法としてではなく、科学として理解するようになるならば、人為的な制限がたちまち破られることになるのは必然です。科学それ自体は境界線を持たず、完全な自主独立を誇れるような専門性も存在しません。そもそも科学の名を真剣に要求すべきであるならば、心理療法はその境界線上で必ず隣接領域に干渉してしまうものなのです。たとえばフロイトの精神分析のような高度に専門化された技法でさえも、最初期の段階ですでに他の、部分的には遠く隔たった学問領域へと手を伸ばさざるをえませんでした。そもそも、こころや人間のパーソナリティといったものをたったひとつの断面で取り扱うなどというのは、実際のところ不可能なのです。こころとはひとつの全体であり、そこではすべてのものがすべてのものと繫がっています。あらゆるこころの障害において、おそらく身体疾患の場合以上にそのことが明白になります。患者が神経症と一緒に私たちのもとに携えてくるのは専門的な何かではなく、全体としてのこころであり、したがってそのこころが繫がりを持ち、それなしではこころを十分に理解することなど不可能な、世界全体でもあります。そのためひょっとしたら心理療法とは、その他の専門領域と比べ、全体としての世界とは言わばもう無関係な、専門性という神聖なる領域の中へと身を隠すことが難しい立場にいるのかもしれません。私たちが可能なかぎり個人的なものの中のもっとも個人的なものへと集中しようと試みても、結局のところ私たちの治療の成果は次の問い次第ということになります。すなわち、私たちの患者はどの世界からやってきているのか、そしてどの世界で適応していかなければならないのかという問いのことです。世界とは個人を超えた事象であり、本質的に言って個人主義的立場の心理学では、それを正当に評価することはできません。そうした心理学が有効なのは、人間の中の個人的なもので事が足りる場合だけです。けれども人間は世界の一部でもあり、その意味で人間は自らのうちに世界、すなわち個人を超えたもの、非個人的なものを携えています。実際に存在する事象である以上、人間のあらゆる物質的および心的な基盤はそこに属しているのです。父親と母親のパーソナリティは、子どもにとって最初の、そしておそらく唯一の世界に違いありません。そこにあまりにも長く留まりつづけてしまうと、その子どもは神経症へのもっとも確実な道を行くことになります。ひとつの全体としてのその子どもが歩み入らねばならない大いなる世界は、もはや父や母の世界ではなく、個人を超えた事象だからです。子ども時代の父母との関係性からの乳離れは、すでにきょうだいのもとで始まっています。兄でさえもはや本当の父ではなく、姉でさえ本当の母ではありません。その後の夫と妻は元はと言えば他人同士であり、異なる生活史的背景、そしてしばしば異なる社会的背景を持つ別々の家族からやってきます。子どもたちは両親を父の役割、母の役割の中へ、しっかりと押し込んでいきます。自らの幼児的な態度ゆえに、彼らはそれまでこうした役割を他人にしか見出してきませんでした。それによって彼らは、子どもという役割が持つあらゆる利点を確保しようとしてきたのです。程度の差こそあれ正常と言えるあらゆる人生の中で生じる、このエナンティオドロミーの過程[ii]は、子どもという極から、もう一方の親という極への態度の変容を強いることになります。この変容は客観的な事実と価値を承認するよう要求してきます。子どもであれば、それらがなくても問題ありません。けれども早くも学校が、客観的な時間という概念、義務とその遂行、他者の権威といったものを、子どもたちに容赦なく教え込んでいきます。その子が学校や教師のことが好きであっても嫌いであっても関係ありません。そして学校、および留まることなく進行していく時間と共に、客体的な存在が次から次へと、個人の生の中へと押し入っていきます。それが歓迎すべきことか否か、あるいはそれに対して何らかの態度を示すかどうかなどといったことはまったく考慮されません。その際、強烈なまでに明白になることがあります。それは、父母の世界を適度な時間を超えて延長しようとする試みには、必ず深刻な代償が支払われなければならないということです。個人的な幼児の世界を大いなる世界の中へと転移させようとする試みは、必ず失敗に終わります。神経症治療の中での転移でさえ、子どものころからその個人に付着してきたあらゆる卵の殻を脱ぎ捨て、両親のイマーゴの投影を外的現実から遠ざける機会が提供される、中間段階となるというのがせいぜいのところなのです。この処理は現代の心理療法のもっとも困難な課題のひとつに数えられます。以前であれば、両親のイマーゴはその内容を分析することで、言わば解体し、解消することができると、楽観的にもそう考えられていました。けれども実際にはそんなことはありません。両親のイマーゴを投影状態から引き剝がし、外的世界から引き戻すことができたとしても、幼児期早期に獲得されたあらゆるものと同様に、それらはもともとの新鮮さを保ちつづけるのです。投影の引き戻しによって、両親のイマーゴは再び自分自身のこころのもとへと戻っていきます。そこは両親のイマーゴの大部分の起源の場所なのです[1]。

両親のイマーゴがそれ以上投影されなくなったときに何が起こるのかという問いに立ち入る前に、もうひとつ別の問題に取り組むことにしましょう。すなわち、現代の心理学によって掘り返されたこうした問題は新たなものなのかという問いのことです。現代の意味で言う科学的心理学を持たなかった以前の時代はまだそれを知らなかったのでしょうか。それともすでに知っていたのでしょうか。そしてこの問題は過去の時代においてどのような姿をしていたのでしょうか。こうした観点から、この問いに取り組んでいきましょう。

実際のところ、かつての時代は現代の意味で言う心理療法のことを知りませんでした。ですので、歴史的過去の中に私たちのものと似た何らかの定式を見つけることは期待できそうにありません。けれども、子どもから親への変容はいつの時代にもどの場所にも存在し、意識の増大に伴って、主観的にも困難なものと感じられてきました。だとすれば、困難な移行を人間に可能にする、ひとつの、あるいは複数の心理療法的な共通の仕組みが存在していたのだと推定せざるをえません。もっともプリミティヴな段階ですでに、人生の中の、心的な移行がなされるべきあらゆる時期に実施される、ある種の徹底的な措置を実際に見つけることができるからです。特に触れておきたいのは思春期儀礼、そして結婚、誕生、死にまつわる風習のことです。これらの儀式は、プリミティヴで外からの影響をまだ免れている段階であれば、まったく厳正かつ入念に保たれています。これらの儀式はすべて、第一にこういった瞬間に差し迫る心的な害を遠ざけるためのものなのでしょう。ただしそれは儀式に臨む者に対して、生きるために必要な準備や教えを授けるためのものでもあります。実際のところ、プリミティヴな部族の生と繁栄は、誠実に、そして伝統に則って儀式を執り行うことにかかっているのです。白人たちの影響でこうした風習が廃れてしまった場所では、部族の本来の生は途絶え、人は自らのこころを失い、ばらばらの存在になってしまっています。この点に関して言うと、キリスト教の伝道をめぐって意見が非常に分かれるところです。私自身がアフリカで見た物事は、かなり悲観的な気分にさせられるものでしたが。

より高次の、より文明化された段階では、大宗教がそれと同じ仕事を果たしていることが見てとれます。私たちにも洗礼、堅信、結婚式や葬儀といった風習があります。ご存知のとおり、これらはプロテスタントよりもカソリックの儀式の内部のものの方がより起源に近く、生き生きとして、完全なものです。子どもたちの父母の世界が豊かなアナロジーの象徴と交代していく様子も、ここに見てとることができます。家父長制の秩序が精神的な生殖と再生[2]を通じた新たな親子関係の中へと、大人たちを受け入れていくのです。「父たちの父」としてのローマ法王と「教会の御母」は、すべてのキリスト教徒を抱擁するひとつの家族の両親なのです。これらに対して部分的に異議申し立て《プロテスタント》がなされなければの話ですが。発達の過程で両親のイマーゴが分解され、それに伴って効力を失っていたなら、このような秩序は自らの存在理由も可能性も失い、それゆえ存在することさえなかったでしょう。けれども、いつでも活動的な両親のイマーゴのための、そしてこうした秩序の懐で賢明にも守られている、拭いさることなどできない子ども時代の感情のための場所が、そこには見出されているのです。これに加えて、他のさまざまな教会制度がそうした繫がりを絶え間なく前進させ、そのつど新たなものにしていきます。その中でも触れておきたいのが、ミサと告解です。聖体拝領（コムニオン）とは親族が集まり、神のいるところで食事をする、まさに家族の食卓です。これはキリスト教先史時代よりもはるか以前の聖なる風習に倣ったものなのです。

よく知られたこれらの物事について、詳細に述べる必要はありません。私がそれに言及しているのはただ単に、私たちよりも前の時代のこころの治療も、現代の心理療法と同一の、人間の生における根本的事実を念頭に置いていたのだということを示すためです。とは言うものの、宗教が両親のイマーゴを扱うそのあり方は、なんと異なっていることでしょうか。宗教はそれらを解体したり、破壊しようなどとは考えません。両親のイマーゴが生の事実であり、それらを排除することは可能なことでも得策でもないということを、宗教はよく認識しているのです。宗教は厳格な伝統という家父長的秩序の枠組みの中で、両親のイマーゴを変化させ、また高めた形で生き延びさせています。それは何十年、いや何千年もの時を、生きた結びつきの中で保っているものなのです。宗教とは個々人の子ども時代のこころを携え、それを守るものでもありますが、人類の子ども時代のこころを無数の生き生きとした痕跡の中に保存するものでもあります。それによって宗教は、こころにとっての最悪の害のひとつを防いでいるのです。その害とは、拠りどころを失うということです。拠りどころを失うというのは、プリミティヴな部族だけではなく、文明人にとっても危険なことです。時には伝統の解体が必要になることもあるのかもしれません。ですがたとえそうであったとしても、それはいつでも損失であり、危険なことです。人間の中のもっとも保守的なものとしての本能という生は、まさしく伝統的風習の中に姿を現すものであり、それゆえ拠りどころを失うというのはこころの危機なのです。伝統的な信条や風習といったものは本能の一番深いところに根ざしています。それらが失われてしまうと、意識が本能から切り離されることになるのです。それによって意識は自らの根幹を失ってしまいます。そして表現されることのなくなった本能は無意識の中へと逆戻りし、無意識がそのときの意識の内容の側へと溢れ出ていくためのエネルギーを強化することになります。意識が拠りどころを失うということは、このようにして本当に危険なものになっていくのです。この秘かな「後ろから押す力」[iii]は意識の傲慢さの原因となり、そのことは自身を過大評価することや劣等感コンプレクスとして姿を現します。いずれにせよ、こころの害にもっとも冒されやすい培地である、バランスの障害が生じることになるのです。

　私たちのヨーロッパ文明の千年以上の歴史を振り返ってみると、こころの教育と治療というヨーロッパ的理想とは、両親のイマーゴからの承認に基づく家父長的秩序だったということ、そしていまでも大部分はそうなのだということがわかります。それゆえ個人に関して言っても、たとえその人の意識がいかに革新的な立場のものであったとしても、家父長的、あるいは階層的な立場の心のことも考慮に含まなければなりません。こうした心は本能的にそのような組織を保持するか、少なくともそれを求めています。万一、私たちが両親のイマーゴや子ども時代のこころを無効にしようと試みたところで、それは最初から失敗を宣告されているのです。

これをもって先ほどの問いへと戻ることにしましょう。両親のイマーゴが投影から撤収されるときにいったい何が起こるのでしょうか。特定の個人としての投影の担い手から両親のイマーゴを引き剝がすことは確かに可能であり、それは私たちの治療的成果にとっては言わば必要不可欠なことです。けれどもイマーゴが医師へと転移される場合、問題はより困難なものとなります。この場合、投影の引き剝がしがむしろ重大な劇的局面となることがあるのです。ひとりの人間にそれ以上貼りついていることをやめたとき、イマーゴにいったい何が起きるというのでしょうか。全キリスト教徒の最高位の神父としてのローマ法王は、神から自らの職務を得ています。彼は神のしもべのしもべであり、それゆえイマーゴの転移は天の父、地の母なる教会へと転じられることになります。ところが、拠りどころを失ってしまった人や、伝統から引き離されてしまった人には何が起こるでしょうか。ハーバード大学のマリー教授[iv]は私が以前に表明した経験を検証する中で、大規模な統計的素材に基づいて次のことを明らかにしました[3]。すなわち、コンプレクスの指数は平均してユダヤ人がもっとも高く、次にプロテスタント、その次になってようやくカソリック教徒となります。世界観は心の健康と直接的に関係しているのです。そのことは結局のところ、何かを理解する方法、すなわちものの見方が人間、およびそのこころの状態にとってじつに重大な意味を持っているということからすぐに理解できます。その意味はきわめて重大であり、事物とはそれらが実際にどうであるかということ以上に、私たちがそれをどう見るかだと言っていいくらいなのです。もしも私たちがある状況や物事に関してよいとは言えない見方をしていれば、それに結びついた喜びは台無しとなり、そしてたいていはその喜びまでもがよくないものとなってしまいます。そして反対に、もしも私たちが何らかの利点を断念し、それにまつわる見方を改めることができたならば、どれほど多くの物事が堪えられるように、それどころか可能にさえなるでしょうか。何よりもまず独創的な医師であったパラケルススは、すべての医師は「理論化」の術を理解していなければならないということを強調しました[4]。パラケルススがこの言葉で意味していたのは、医師は自らが治療できるようになるための、そして患者が健康になれるように、もしくは少なくとも悪化せずにいられるようになるための、病に関する理解や見方を心得ていなければならないというだけではなく、それらを患者にも教えなければならないということだったのです。それゆえに、彼はこう述べています。「そしてあらゆる病とは浄化の炎である」[5]。パラケルススは理解するということが持つ治癒の力を意識的に認識し、それを十分に利用していました。こうしたことから、熱心なカソリック教徒の人を治療する際に転移の問題が生じたならば、私は医師としての職務に基づいて手を引き、問題を教会へと送り届けています。けれどもカソリック教徒ではない人を治療する際には、そうした出口は塞がれています。医師としての職務に基づき、手を引くわけにはいきません。概してそこには好ましい形で父親イマーゴを移行させることのできる人も物も存在しないからです。私は父親ではないという理性的な洞察を作り出すことは可能でしょう。けれどもそのとき、私はまさに理性的な父親であり、ありとあらゆることにかかわらず父親になってしまっています。真空を嫌悪するのは自然だけではなく、患者もまた同じなのです。両親のイマーゴや自らの子ども時代のこころが、希望も未来もない、過去という無の中へと落とされることに、患者は本能的に恐怖を覚えます。本能は患者に、自分自身の全体性のために、これらの物事を何らかの形で生き残らせねばならないと告げてきます。投影の完全な引き戻しの後につづくのが、ほとんど愛されることもなく、それゆえにますます押しつけがましくなった自我の中での、果てしないほどの孤独なのだということを、本能はよくわかっているのです。それまででさえ、その中で耐えることができなかったくらいなのですから、純粋な理性によっていま、そしてこれから先も耐えられるとは思えません。こうした瞬間に両親への過度に個人的な縛りから解放されたカソリック教徒の人が、いまやよりよく、そしてより深く理解された教会の神秘へと容易に帰り着くということがあるのはそのためです。それだけではありません。プロテスタンティズムの新版のいずれかのうちに自らにふさわしい意味を認識し、それによって真の宗教性へと再び辿り着くというプロテスタントの人もいます。それ以外の場合はすべて——乱暴で、有害なものであることも珍しくない解決がなされる事態にならなければ——よく言われるとおり転移関係の中に「はまり込み」、それによってこの上ないほどの試練の時が患者自身と医師に課せられることになります。おそらくこれは避けて通ることのできないものなのでしょう。ひとりぼっちの孤児のような状態に突然陥るということは、それと結びついた同じく突然の無意識の活性化が原因となって、場合によっては、つまり精神病的負荷のある場合には、危険な結末をもたらすこともあるくらいですから。投影の引き戻しとは徐々にしか進めることができないものであり、それゆえ徐々に進めるべきものなのです。両親のイマーゴの中に分割されていた内容を統合するということは、活性化させる影響を無意識にもたらします。そのようなイマーゴには、子ども時代の最初からすでに持っていた、そして大人になってからもいつでも運命を決定するような作用をもたらしてきた、エネルギーが積み込まれているからです。そのため、この統合によって無意識は相当なエネルギーの増大を手中に収めることになり、それは意識が無意識的内容によって強力に決定されるということによってすぐに表面化してきます。ただ単に自我《わたし》であることにおける孤立は、夢やファンタジーの中に非個人的で集合的な内容が登場するようになるという逆説的な結果をもたらすのです。それと同時に、これらの内容はある種の統合失調症的精神病を組み立てる材料でもあります。こうした状況に危険がないとは言えないのは、この理由からなのです。投影の結びつきの中でも、結局のところ中心的な役割を果たすのは医師への転移ということになります。こうした投影の縛りから自我を引き剝がすということは、以下のような危険を冒すことにつながります。すなわち、それまでは個人的な環境との関係の中で溶けてしまっていた自我が、今度は集合的無意識の内容の中で溶けてしまうことになるのです。これはつまり、外的世界においてはすでに亡くなっている両親とそのイマーゴがこの来世の中へと入り込み、以前と同じく溶解する投影の傾向を行使していくということなのです。

けれども、ここに治療的な補償をもたらす作用が姿を現します。私はこの作用について、まるで奇跡のようだといつも驚嘆せずにはいられません。危険な溶解傾向に対して、明確な象徴によって示される中心化の過程という形式での反作用が、同じ集合的無意識から立ち上がってくるのです。このプロセスが創り出すのはパーソナリティの新たな中心に他なりません。これはまず象徴によって自我を凌駕するものとしての特徴が示されますが、後になると経験的にもそのことが明らかになります。それを包含することはできません。このパーソナリティの新たな中心は、評価という点で自我を上回るものとして、高い地位に叙階されるべきものなのです。それにはもはや自我の名は与えられません。だからこそ、私はそれを自己と名づけたのです。この自己を経験し、体験することはインドのヨーガの最重要目標でもあります。そのためインドの知恵の宝庫の中に自己の心理学を探し求めるのもよいでしょう。私たちと同じくインドにおいても、自己の経験は知性主義とは何の関係もありません。それはきわめて重大な、そして根本的な変容をもたらす出来事のことなのです。こうした経験へと導くプロセスのことを、私は個性化のプロセスと名づけました。もしも私が古典的なヨーガについて研究することを推奨したとしても、それは私が「ディヤーナ」「ブッディ」「ムクティ」あるいはその他の魔法の言葉を耳にすると、エクスタシーに陥って白目を剝き出すような人たちの一員であるからではありません。そうではなく、ヨーガ哲学から心理学的に学ぶことのできる、臨床的に有用な物事がたくさんあるからなのです。さらに言うと、そうした素材は東洋の書物やその翻訳書の中に明確に理解可能な形で存在しています。これもまた、私たちが西洋においてそれと同等のものを持たなかったからではありません。私がヨーガを推奨しているのはただ単に、ヨーガに匹敵する私たち西洋の知恵が、言ってみれば容易には近寄りがたいもの、すなわち専門家でなければ歯が立たないものだからです。それは秘密にされ、謎に包まれた規律と追従者たちによる戯言によって、識別不可能なまで歪曲されてしまっています。錬金術の中には西洋の瞑想ヨーガが潜んでいます。しかしそれは、異端視されること、そしてそのことの苦痛を伴う結果に対する恐れが原因で、注意深く隠されてしまっているのです。しかし、錬金術は臨床心理学者にとっては重要な、ヨーガに優る特別な利点を有しています。それは、錬金術において観念の内容はもっぱらと言ってよいほど、じつに豊かな象徴性の中で表現されているという事実のことです。さらに言うと、それらはまさに私たちが今日でも患者のもとで見出すような象徴性の中で表現されています。個性化のプロセスの象徴の理解に関して、錬金術が与えてくれる助けは最大の意義を持つものだと私は思っています。[6]

私が自己と呼んでいるものを、錬金術は「インコラプティビレ」、すなわちそれ以上溶解できない物質、あるいは他の何かに還元できないひとつのもの、一なるものと名づけています。同時にそれは宇宙とも呼ばれていて、一六世紀のある錬金術師はそれにフィリウス・マクロコズミ（大宇宙の息子）という名前さえ与えました。[7] これらの表現は根本において現代の所見と一致しています。

今日の問題へと辿り着くためには、これらすべてに言及せざるをえませんでした。つまり私たちは、自然な発展を根気強く、また徹底的に辿っていったときに、自己、そして一なる存在の経験へと辿り着くものなのです。一九四一年秋に没後四〇〇年の祝典が催されたパラケルススによる、以下の真にスイス的な、そして同様に真に錬金術的なモットーは、倫理的要求としてではあってもそれと同じことを表現しています。「自分自身であることのできる者は、他者に属することはできない」。けれども、この目標への道のりは険しく、誰にでも歩むことのできるものではありません。錬金術師たちも「それは長き道のりなのだ」と述べています。いずれにせよ、私たちはいまようやくある発展のスタート地点に立ったところなのです。この発展の起源は古代後期にありますが、中世全体を通じてそれは暗闇の中でひっそりと生きている奇妙な存在にすぎませんでした。その代表となったのは孤高の変わり者たちでしたが、彼らが「テネブリオネス」（暗がりの虫）と呼ばれたのは故なきことではなかったのです。アルベルトゥス・マグヌス、ロジャー・ベイコン、パラケルススなどといった人々は、少なくとも現代自然科学の父たちであり、彼らの精神は教会全体の権威を震撼させることに大いに貢献しました。私たちの現代的心理学もまた自然科学の精神から生まれたものであり、そうとは知らぬまま、錬金術師たちが始めた仕事を継続しているのです。錬金術師たちは「ドーヌム・アルティス」（芸術の賜物）を手にするのはごく少数の「エレクティス」（選ばれし者）だけだと確信していました。それと同じように、個々の人々のもとでの仕事がいかに骨の折れるものか、そしてこの心理学的な仕事の理解と経験に達することができる者がいかに限られているか、私たちは嫌になるほど明確に知っています。そうこうするうちに、キリスト教会という有益な組織の崩壊と衰弱は脅威を感じるほどのありようで進行し、確かな権威の喪失は徐々に世界観上の、そして政治的‐社会的なアナーキーへと行き着いてしまいました。これは父権的秩序に慣れ切ったヨーロッパ人のこころにとって、まったく不都合なものです。個人ごとの意識化、およびパーソナリティの成熟に向けた兆しは、社会的に見ればまだまだあまりにも弱く、その歴史的必然性に反してまったく重きをなしていません。ヨーロッパ社会の秩序の根幹をぐらつかせてはならないというのなら、いかなる代償を払っても、そして最初に、権威が再建されなければならないのです。

　教会という集合体を国家という集合体へと置き換えようとする試みがヨーロッパで生じたのは、おそらくこうした理由からだったのでしょう。かつて教会は神権を現実のものとする試みにおいて絶対的なものでした。それと同じように、いまでは国家が全体主義のみを絶対的な要求として掲げています。精霊の神秘は自然の神秘、あるいはパラケルススがそう呼んだように「自然の光[vi]」と入れ換わったのではありません。個々の人々を「国家」と呼ばれるひとつの政治的集合体の中へと全体主義的に順応させることと入れ換わったのです。それによってディレンマからの出口は開かれました。いまでは、すべての人の養育者としての、そしてあらゆる思考と意志の決定的な権威としての国家に、両親のイマーゴを投影できるようになったからです。科学は社会的集合体のために利用され、集合体の目的のための唯物論的な有用性のみにしたがって評価されています。自然なこころの発達の代わりとなったのは、時代の橋渡しを行い、文化の価値を生きたまま保つ、精神的方向づけではありません。特定の集団の権力追及に奉仕し、民衆に一定の経済的利益を約束するような、政治的な方向づけがそれにとって代わったのです。ヨーロッパ人の心の奥深くに根づいた父権的および階層的秩序への希求は、こうして適切かつ具体的な表現を見出しました。しかし、それは集団本能に一致しすぎるほど一致しているというだけで、あらゆる観点から見て、文化にとって有害な水準で固定されてしまっています。

きっとここは意見が分かれるところでしょう。心理療法は科学的基盤、そしてそれにともなって原則的に自由な研究をその拠りどころとするものです。その点で心理療法は、先入観のない科学的研究によって見出された認識と合意した上で、自らの存在を自主的なものとすること、そして道徳的な意味で自由になることに向けて、人を教育するという意図を明言しています。個人がどのような条件に適応しようとしても、そのことは必ず意識とともに、そして自由意志から生じるものでなければなりません。ところがもしも政治的目標、すなわち国家が優先権を主張するというのならば、心理療法は否応なしに特定の政治システムの道具と化してしまうでしょう。人はこの政治的システムの目標のために教育され、それと同時に自分自身の、そしてもっとも高次の運命からは逸脱させられてしまうに違いありません。もちろん、この結論に対してはきっと次のような異論が申し出られることでしょう。「人間の最終的な運命は個人の存在の中ではなく、人間社会の希求の中にある。なぜならそれなしにはそもそも個人は存在しえないからだ」と。この異論は重大なものであり、軽はずみな言葉で片づけてよいものではありません。個人は社会の力によってのみ存在するものであり、これまでもずっとそうして存在してきたのだということは、疑問の余地すらない真実です。プリミティヴな部族に男性儀礼が見出されるのもそのためです。この儀礼は秘儀の上での死を通じて、それぞれの個人を家族、そしてその人のそれまでのアイデンティティから引き剥がし、それからその人を部族の一員として再び生み出すものなのです。エジプトやバビロニアのような初期文明もあります。そこではすべての個別性は王という人物をその頂点とし、個々の人々は匿名の存在です。他に、家名が持つ個別性が何世代にもわたって、その家名の担い手が何でもない存在であることを補償しているような家系もあります。名跡とその後ろに割り振られた数字を自分の名前とし、本来の名前は捨ててしまう、何世代にもわたる日本の芸術家たちもいます。こういったアルカイックな現象はすべてこころの内容の根源的な投影に基づくものです。これに対して、不滅の魂という尊厳をそれぞれの人に与えられて然るべきものとしたのは、けっして拭い去ることのできない、キリスト教の偉大な業績でした。それまでは反対に、王というたったひとりの人物のみがこの特権を要求する権利を有していたのです。キリスト教による刷新とは、個々のこころという最高次の価値を、王という人物やその他の選ばれし者へと投影するのを止めるということでした。それは人間の意識と文化の、いったいどれほどの前進を意味するものだったのでしょうか。この点についてここで議論するとなると、あまりにも行きすぎということになってしまうでしょう。投影が持つ息苦しくなるような強制力は、個人を無意識性の暗黒の中にいつまでも囚われたままにし、それによってその人を何でもない存在へと押し下げてしまいます。しかし、意識性、道徳的自由、そして文化へと向かう、人間という存在の本質の中にある運命の方が、そうした強制力よりも強いものなのだということが、ここで明らかになったのです。もちろん、それによって個人は十字架を課せられることにもなりました。すなわち意識性の苦しみ、モラル面での葛藤、そして自身の思考の不確かさといったもののことです。これらの課題は途方もないほど困難なものです。そのため仮に解決に成功するようなことがあったとしても、それは百年単位でようやく到達可能なものでしょう。一見したところ楽なもののように見える無意識性への道を進むよう、いつでも私たちを説き伏せようとしてくるありとあらゆる力と戦いながら、果てしない苦労を重ねるという犠牲を払って、それはようやく手に入るものなのです。無意識性への途上にあると、人は課題を「他の誰か」、または要するに匿名の国家に、安心して任せてしまってもよいと考えるようになります。ですが、この「他の誰か」とはいったい誰のことなのでしょうか。誰もができないとすすんで認めたがることを、自分であればできると称する、この超人らしき人はいったい何者なのでしょう。「他の誰か」とは、ただ単にトランプのジョーカーを他の人に引かせる技にかけては名人級だというだけで、私たちとまったく同じように存在し、考え、感じる、人間のことです。ましてや国家とは誰のことでしょうか。それを構成している、何でもない存在の集まりのことです。もしも国家を人格にして表すことができるならば、精神的な観点から言っても倫理的な観点から言っても、それを構成するたいていの人々の水準をはるかに下回る個人、あるいはむしろ化物が姿を現すことでしょう。なぜなら、それは大衆の心理を極端な形で表現するものだからです。それゆえ、キリスト教はその最盛期にけっして国家というものを信じることなく、現世を超えた目標をあてがって、暗闇の亡霊が支配する世界への投影が必ず備えている強制的な力から人間を救い出したのでした。そしてキリスト教は人間に不滅の魂を与えたのです。それに伴って人間は現世の支配ではなく、自分自身の心の中に礎のある神の国に居場所を作ることを自らの目標と見なし、そのことを通じて世界を根本的に改めることのできる支点も手に入れることになりました。

人間は酸素、水分、タンパク質、脂質などといったものなしでも存在することができません。人間が社会なしでは存在しえないというのは、それと同じことです。それらと同様に、社会とは必要な存在条件のうちのひとつなのです。人間は空気を吸うために生きているなどと主張するのは馬鹿げたことでしょう。個人が社会のために存在しているなどと言うのは、それと同じくらい馬鹿げたことなのです。「社会」とは人間集団の共生を表すひとつの概念にすぎません。概念は生の担い手ではないのです。生の自然な、そして唯一の担い手とは、個人です。そしてそのことは自然全体に当てはまります。[8]「社会」あるいは「国家」とは生の担い手の集まりのことであり、同時にそれらの組織として、重要な生の条件でもあります。ですから、個人は社会の一片としてしか存在することができないというのも、正しいとは言えません。いずれにせよ、空気がないのに比べれば社会がない場合の方が、人間はずっと長生きできることでしょう。

　政治的な目標が支配的になっているのだとすれば、それは間違いなくかつては副次的であったものが主要なものへと格上げされたということです。そうなると個々の人々は自らに固有の運命を騙し取られ、二千年に及ぶキリスト教文化は削り落とされることになります。投影の撤回を通じた意識の拡大の代わりに生じるのは、意識の狭窄です。人間存在の単なる条件にすぎない社会が、目標として前面に押し出されることになるのですから。けれども、社会とは無意識性への最大の誘惑なのです。自分自身を礎としない個々の人々を集団が確実に呑み込み、彼らを必ず無力な一片へと還元してしまうからです。一人の人間が自分自身の自然な運命を満たすことができるよう手助けをするという権利を心理療法が主張しても、国家による全体主義的要求はほんの一瞬たりともそれを許すことはないでしょう。むしろ反対に国家は、心理療法は国家にとって有益な人手を生産するための補助手段以外のものであってはならないと、あくまでそう要求してくるはずです。こうして心理療法はあらかじめ用途の定められた技術用語と化すことになります。その唯一の目標は社会的効率を高めること、ただそれだけです。こころは自らに固有の生を失い、国家の意向にしたがって用いられる機能と化してしまうでしょう。心理科学は単なる心的装置の合理化可能性に関する研究へと貶められることになるでしょう。そして最後に治療目的に関して言えば、国家組織の中に首尾よく全体主義的に順応するということこそが治療基準となるでしょう。けれども、この目標がもっともよく達成されるのは、個人のこころを完全に失わせること、すなわち広い範囲での無意識化によってそれが実施される場合です。その意味で、意識化という方法はすべてあっという間に時代遅れのものとなり、無意識的内容が意識化することから人間を守るのには適していたありとあらゆる方法を、過去というがらくた置き場から再び引っ張り出してくることが推奨されるようになるでしょう。心の治療技術はこうして完全に後退を強いられることになります[9]。

　心理療法がまさにこの現代に二者択一を迫られているのは、大まかに言えばこのようなことなのです。中世を逃れたかのように勘違いしていたヨーロッパが、何百年にも及ぶ異端審問という暗闇の中へと二度までも沈み込んでしまうか否かは、これから先の発展次第ということになります。もし本当にそのようなことになってしまうとすれば、それは国家による全体主義的要求が乱暴なやり方で勝利を収め、長い間のさばりつづけるようなことになった場合のみでしょう。国家と呼ばれる私たちの社会組織は、より大きな権威を作り出そうという精力的な欲求を感じるというだけではなく、状況によってはそのように強いられることもあります。見識のある人であれば、それを否定することはないでしょう。もしも市民の意識的な洞察に基づく自由意志による同意によってそれが生じるのであれば、望ましいことが達成されたというだけのことです。けれどもそれが、面倒な決断を回避できるという怠惰ゆえに、あるいは無意識性ゆえに生じるのであれば、個々の人々は責任ある人間としては抹消されてしまうという確実な危険を冒すことになります。そうなると国家とは監獄、もしくはシロアリの巣と何ら変わらないものとなってしまうでしょう。

個別性を意識化するということが自然な運命に相当するものだというのは確かです。しかし、それは目標のすべてではありません。個々の人々の存在から成り立つ無秩序な塊を作り出すなどということは、人間教育の目的にはなりえないのです。そのような目標は、極端な個人主義の秘かな理想とあまりにも一致したものでしょう。そして、極端な個人主義とは、それそのものが、不十分さという点では大差ない、集産主義に対する病的な反応に他なりません。反対に自然な個性化のプロセスとは、まさしくすべての人を結びつけ、またすべての人に共通するものである無意識を意識へと導くものであり、それゆえ人間の共同体意識を生み出すものなのです。個性化とは自分自身とひとつになるということですが、それと同時に人類という存在とひとつになるということでもあります。そう、私たちは人類という存在でもあるのです。個々の人々の存在が守られるならば、国家における、たとえそれがより大きな権威によって整備された国家と見なされるものであっても、個々の人々の有機的な集まりはもはや匿名の大衆ではなく、意識的な共同体を形成することになります。けれどもそのために必要不可欠な前提条件は、意識的かつ自由な選択と個々の人々による決断なのです。個々の人々のこのような自由と自主性なくしては、真の共同体はありえません。そして――こう言わねばなりません――そのような共同体なくしては、自分自身を礎とする自主的な個人が長きにわたって成長をつづけるなどということは不可能なのです。[10] さらに言うと、自主的なパーソナリティとは公共の利益にもっとも資するものでもあります。そうした選択のために必要な成熟を人類が今日すでに有しているのかというのは、また別の問題です。とは言え、自然な発達に先んじながら、力をもって人間に強いられる解決もまた、疑わしいものだという点に変わりはありません。長い目で見れば、自然の事実とは強制することなどできないものなのです。侵入し、浸透していく水の性質をもって、自然の事実はそれをよく考慮しないあらゆるシステムを内側から衰弱させ、そしていずれは崩壊させてしまうでしょう。自然に関する賢明な国家政治の手腕を備えた権威であれば、自然のために必要な余地を残すものであり、すぐに没落する心配はありません。精神もまた自然の一部です。私たちがより強力な権威を必要とし、また欲しているのだとすれば、それは精神的な未成熟を表す、われわれヨーロッパ人にとって恥ずべきしるしなのでしょう。けれども私たちが直面している事実があります。それは伝統を持たず、また子どもじみたものでもある啓蒙主義による罪深い助力を得て、ヨーロッパでは何百万もの人々が教会、および王や皇帝たちの家父長制が持つ権威の手から滑り落ち、そしていまや無分別に、また舵も効かぬままに、権威を本当に行使している何らかの力の犠牲となってしまったということです。人間の未成熟のことを、私たちはひとつの事実として考慮に含めなければなりません。

スイスにいる私たちは、何もない宇宙を漂う小惑星の中で生きているわけではありません。私たちはヨーロッパを形成する同じ大地の上で生きているのです。私たちはこれらの問題の中心に立っています。そして私たちが無意識的であるならば、私たちもまた他のあらゆる国々と同じく、この問題の虜となっているのです。もっとも危険なのは、自分たちは他の周辺地域よりも高度な意識段階に位置していると勘違いしてしまうことでしょう。そのような考えはまったくの誤りです。私は、ごく少数の存在である私たち心理学者や心理療法家のことを不当にも大切な存在、あるいはこう言った方がいいかもしれませんが、重要な存在だと見なしているのではありません。そうではなく、この時代の心的状況を理解し、現代が問いかけや要求として私たちに示している物事を明確にしていくという課題と義務とを、私たちは何にもまして心理学者としての特性の中に有しているのだということを強調しておきたいのです。たとえ私たちの声があまりに小さく、政治的混乱の喧騒の中で効果なく忘れ去られてしまったとしても、次の中国の格言が慰めになってくれるかもしれません。「澄みたる者がただ一人、正しきことを考えれば、千里の彼方でもその声は聞かれる」

あらゆる物事はいつでも小さな何かの中で始まります。目立たぬ個々の人々のもとで、骨が折れるものだというのは確かであっても、良心に基づく仕事を果たしていくことに労を惜しむべきではないのです。たとえ、私たちが目指す目標が到達不可能なはるか彼方にあるように思われたとしても。けれども、目標のうちのひとつは私たちの手の届くところにあります。それは個人のパーソナリティを発達させ、成熟させるということです。個人こそが生の担い手なのだということを確信しているかぎり、少なくとも一本の木を実らせることができたならば、たとえそれ以外の何千もの木々が実らぬままであったとしても、私たちは生の意味に尽くしたことになります。けれども、これから育つすべての木々を最大限度まで繁殖させようと目論んだ者は、すぐに雑草がその人の丈を超えて成長していくのを目にすることになります。雑草とはいつでも一番よく育つものなのです。ですから私は、個々の人々の発達という目標に根気強く尽くしていくということを、現代における心理療法のもっとも重要な課題だと考えています。そうすることによって私たちの努力は、あらゆる個人において生の豊かさを可能なかぎり発揮させるという、自然の希求に叶ったものとなるのです。生がその意味を満たすのは黄金の籠の中にいる鳥[vii]ではなく、いつでも個々の人々においてなのですから。

心理療法の根本問題

医学書の中の「治療」という見出しの箇所で、一連の治療法や薬物処方に続いて「心理療法」についての記述も読むことができるようになってから、まだそれほどの時間は経っていない。ただし、この言葉で理解されるはずの何かは、意味ありげな暗闇の中に覆われたままにされてきた。この言葉は何を意味するものだったのだろうか。催眠、暗示、「説得」、カタルシス法、精神分析、アードラー流の教育法、自律訓練などのことだろうか。このリストが物語っているのは意見、見解、理論、そして方法の、じつに漠然とした多様性である。これらのすべてが「心理療法」の名のもとで知れ渡っているのだ。

無人の新大陸が発見されるとき、そこには目印も地名も通りも存在しない。そこに辿り着く新たな先駆者たちはみな、他者に伝えるべき何かを知ることになる。心という未踏の地へと医師たちがはじめて足を踏み入れる際に生じるのも、これと同じようなことなのだろう。私たちにある程度理解可能な形で何かを知らせてくれた最初のひとりはパラケルススだ。[i] パラケルススの奇妙な知見は時に予見に満ちた含蓄に事欠かないこともあるが、それは一六世紀の精神と密接な関係にある言葉で表現されたものなのである。その言葉は悪魔論や錬金術の表象だけではなく、パラケルスス流の造語をひたすら続けていく。それらの途方もなく大げさな表現は、誤解される謂れがないとは言えないことも多いこの著者の、密かな劣等感とそれに応じた承認欲求を補償している。一七世紀に本格的に始まった自然科学の時代は、混乱と一緒にパラケルスス流の医学の珠玉まで埋葬してしまった。それから二〇〇年後、ようやく新たな経験的方法が誕生した。一方では今日であれば暗示現象に分類されるであろう臨床的経験に、他方では古代の錬金術の知の財産に由来する、メスメルの生体磁気に関する学説である。ロマン主義時代の医師たちはこの筋に沿って進み、それに応じて彼らの関心は夢遊病へと移っていった。そして、それによってヒステリーの臨床的発見に向けた基礎が据えられたのである。しかし、シャルコーおよび彼の学派がこの領域である程度確かな概念を確立するに至るまでには、それからさらに約一〇〇年が必要だった。ヒステリー現象に関するより深く、より精密な知識が得られたのは、ピエール・ジャネのおかげである。そして暗示現象についての体系的な研究と記述が得られたのは、二人のフランス人医師リエボーとベルネームの、さらには後のスイスのオーギュスト・フォレルのおかげである。心因性症状の病因の認識に関して言えば、ブロイアー－フロイトによるそれらの情動的源泉の発見こそが、心理学の領域への決定的な進出を意味するものだった。ヒステリー症状の基礎をなすのは、意識が失ってしまった記憶イメージやその感情のトーンなのである。この事実は、心的な出来事の無意識の層という前提へとすぐにつながるものだった。当時のアカデミックな心理学はこの無意識の層のことを身体的なものと見なそうとした。しかし、それは思いがけず意識から、すなわち自我との結びつきから離れてしまったまったく同じように振る舞うという点で、心的なものだったのである。ジャネがフロイトとほぼ同時に、かつフロイトとは別個に実証してみせたとおり、このことはヒステリー症状全般に当てはまる。ジャネが意識剝奪の原因は特定の脆弱性の中にあると推定したのに対し、フロイトは好ましくない感情のトーンこそが病因となる記憶イメージの特徴だという点に注意を促した。それらが意識から姿を消すということを、抑圧で説明するのは難しくない。それゆえフロイトは、病因となる内容とは意識の傾向と両立しえないものなのだと理解した。この仮説は、抑圧された記憶がさまざまな点においてモラル的な検閲を誘発するということ、より正確に言うとトラウマ的、もしくはモラル的な意味で不快な性質ゆえにそうなるという事実によって、その裏づけを得た。

フロイトは大いなる発見成果と共に、抑圧理論を心因性神経症の全領域へと拡張し、さらにそこから先へと、すなわち文化現象の解明にまで進出していった。その際フロイトは、それまでであれば哲学の関係者の手に委ねられていた、一般心理学の領域へと足を踏み入れたのである。用語といくつかの方法論的観点を除けば、医師の臨床心理学が一般心理学から借りることのできるものは、それまでほとんどなかった。事のはじまりからすでに無意識的な心と接していた医学的心理学は、まさに何もないところへと進出していったのである。数少ない賞賛すべき例外を除けば、無意識の概念はアカデミックな心理学からは忌み嫌われ、そのため意識的現象のみが心理学的研究の対象でありつづけた。それゆえ、医学的心理学と当時優勢だった一般心理学との衝突は相当なものだったのである。また別の側面に関して言うと、フロイトの発見は医師たちの純粋に身体的な志向性に対しても、同じくらい挑発的な躓きの石であった。五〇年が経ったいまでも、そのことに変わりはない。この情景に多少なりとも新たな線を描き込むためには、アメリカからやってきたいわゆる心身医学の方向性が必要だった。しかし、それでもなお一般心理学は、無意識という事実から必要な結論を引き出すということを達成できなかったのである。

新たな土地への進出はいつでも一定の危険を孕んでいる。すなわち、先駆者とは自らの試みに際して、言ってみれば偶然身につけて出かけた道具に頼らざるをえないものなのだ。私たちの場合で言うと、その道具とは身体医学の教育であったり、一般教養であったり、そして一部は気質的な、また一部は社会的な、主観的前提に主に基づく世界観であったりする。医学的前提は経験的素材の身体的側面や生物学的側面を正しく評価する能力を与えてくれる。一般教養は抑圧する要因の特徴をおおむね理解できるようにしてくれる。最後に世界観は個別の認識を一般法則化すること、そしてそれによってより大きな全体の中へと組み込んでいくことの助けになってくれる。ただし、それまで発見されていなかった、それゆえに未知の領域で研究を展開する際に、先駆者がいつでも意識しておかなければならないことがある。それは自分とは別の装備を持って新大陸の別の場所に足を踏み入れる別の誰かが、自分のものとはまったく異なる情景を描き出すこともありうるということだ。

フロイトの身に生じたのもこのことだった。彼の門下アルフレート・アードラーが、神経症についてまったく違った捉え方をする見解を展開させたのである。情景を占めるのはもはや性欲動や快楽原則ではなく、力を求める欲動（承認欲求、「男性的抗議」、「上昇への意志」といったもの）になった。以前に具体例に即して示したとおり[1]、フロイトの理論もアードラーの理論も同一の事例に対して何の問題もなく適用することができる。さらに言うと、双方の欲動が均衡を保ち、一方が他方の影響下にある場合も多いというのは、一般心理学的には周知のことなのだ。フロイトと同じく、アードラーも一面性に留まっている。そして両者は、神経症だけではなく人間のことも影から、すなわちモラル面での劣等性から説明するという点でも共通している。

このような事態は個人的な方程式、すなわち一切の批判を受けつけることのなかった主観的な先入観が存在しているということに等しい。フロイトとアードラーの両者が自身の観点を主張する際の頑迷性は、秘かな自信のなさと内的な疑いに対する通例通りの補償である。双方の研究者によって記述された事実は、「疑いという名の塩の一粒」をもってしても確かに存在する。しかし、その事実の解釈は一方の方法によっても、もう一方の方法によってもなされうる。すなわち、両者ともに部分的には間違っている、もしくは互いを補い合うものなのである。ここから引き出すことのできる教訓とは、場合によっては両者の見解を共に考慮に含んでおいた方がよいかもしれないということだ。

医学的心理学が抱えることになったこの最初のディレンマの原因は、おそらく次の点にあるのだろう。すなわち、一般心理学が事実に基づいた何かを医師たちに提供するということがそれまで一切なかったという点で、医師たちが目の当たりにしたのはけっして開拓済みの土地などではなかったということである。医師たちは主観的、かつ偏見が備わった自らの装備に頼らざるをえなかったのだ。それゆえ、人が一般にどのような態度で対象（それがどのようなものであれ）に接するものなのかをまず研究するということは、私にとってまさに危急の用だったのである。私はこれに応じて、いずれも意識の指針となる各種の機能のそのときの優位性に基づく、一連のタイプを提唱した。それによって私は、さまざまな経験的態度を組み込むことのできる図式を試験的に描いてみたのである。そこから明らかになったのは、少なくとも八つの、理論的に可能性のある観点だった。[ii] これに加えて、その他程度の差こそあれ個別的な前提を考えれば、少なくとも主観的には妥当性を有する、無数の見解の可能性が生まれることになるだろう。しかしその際には、すべての理論形成に対する心理学的な前提を批判するということが絶対に必要である。残念ながら、このことはこれまで必ずしも理解されてこなかった。それが理解されていたならば、盲目も同然の頑迷さをもって特定の見解が主張されることもなかったはずだ。ただし、そのようになってしまう理由は、主観的な偏見が何を意味しているのかを考慮に含めてみなければ理解できない。すなわち概して言えば、この偏見とはある個人の生の経験全体によって程度の差こそあれ入念に築き上げられた産物なのである。偏見は個別的な心が環境条件と衝突することから生じる。つまり、概して偏見とは一般的な経験の主観的なヴァリエーションのことであり、それゆえ判断を多少なりとも一般的なものにするためには、入念な自己批判と広い範囲での比較作業とが必要なのである。しかし、この不可避かつ必要な取り組みの際に意識の原理に焦点が合わせられると、その分だけ経験が意識の原理の意向で解釈され、それによって事実が理論化され、捻じ曲げられてしまうという危険性が膨らむ。私たちの心理学の経験はいまだにあまりにも幼く、またあまりにも範囲の狭いものなので、普遍的理論は実現していない。普遍妥当な命題を立てることのみを考慮できるようになる前に、この研究にはこころの本質を解明する事実が一定以上必要なのだ。あらゆる心理学的命題はそれを裏返しにしたものの意味も妥当だと認められたとき、はじめてその意義を多少なりとも自負できるという規則に、私たちはまず従わなければならないのである。

心理学的な判断を形成していく上で、個人的な、そして世界観に基づく偏見が真っ先に、そして厄介なあり方で妨げとなるのは確かだ。しかし、それらは善意と洞察によって取り除くことができる。かつてフロイトは、治療的な目的で患者の無意識と関わる医師であれば、誰しもその前にいわゆる教育分析を受けるべきだという私の提案を受け入れた。病因となる無意識的状況を意識化することの必要性を理解する賢明な心理療法家たちはみな、この意見に賛成している。医師は自分自身において見過ごしてしまっているものが患者にあっても、それにまったく気がつかないか、もしくは過剰にそれを気に留めてしまうことになる。そして自分がコントロールできずに傾いていっている方向へとそれを促進し、自分自身にもあって非としているもののことは間違いだと決めつけてしまうのである。これらのことは容易に理解可能であり、また多くの経験によって証明されている。外科医にその手が感染していないことを要求するのは当然だ。それと同じように心理療法家が十分な自己批判を行使していること、あるいはいつでもそうする用意をしていることは、特に強調して求めていく必要がある。

この必要性が心理療法家に特に否応なく差し迫ってくるのは、患者のもとで克服しがたい抵抗に突き当たった際である。その抵抗は、ひょっとしたら根拠があるものなのかもしれないのだ。患者がそこにいるのは治療を受けるためであり、理論の正しさを検証するためではない。臨床心理学の広大な領域に、どんな場合でも間違いではありえない理論など存在しない。患者の抵抗は常に正しくないなどという見解は特に退けられなければならない。抵抗は、治療の手続きが間違った前提に基づいているということを示すものなのかもしれないのである。

私が教育分析のテーマを特に詳細に述べているのは、医師の権威を存在するのが「当然」のもののように見せかけ、それによって「教皇の権威をもって」心理療法を導入するような傾向が、最近になって再び現れてきているからである。これは少々時代遅れのものとなった暗示のやり方と、何ら変わらない試みだ。暗示のやり方が不十分だということは、もうずいぶん以前から露見している（とは言うものの、暗示療法の適用がまったく存在しないなどと言うべきではない）。

あらゆる包括的な治療とは個別的な、すなわち弁証法的なプロセスだと、賢明な心理療法家たちはかなり前から気がついている。患者と同じくらい、医師もまたひとりの人間としてその当事者なのである。こうした対決の際には、患者に期待するものと同じくらいの洞察を、医師が自分自身の心的過程において有しているのかという問題が、当然ながら非常に重要な意味を持ってくる。より正確に言うと、特にいわゆるラポール、つまり信頼関係に関してそうであり、結局のところ治療の成果はこの関係次第なのである。場合によっては、医師という人間との関係性への確信からしか、患者が自身の内的な確信を得られないということもありうる。信じやすい人たちであれば、医師の権威をもってすれば何らかのことは達成できる。しかし、批判的な目で見てみれば、概してそれらは見せかけのものにすぎない。医学的心理療法家の先任者たる司祭が、少なくとも教養ある人々の間でかなりの程度その権威を失ってしまったのもこの理由からだ。したがって困難な事例とは、患者にとっても医師にとっても、人間的な試練に他ならない。医師が真剣な教育分析によってできるかぎりの装備を施されなければならないのもそのためである。確かに、教育分析とは幻想や投影を阻止するための理想的な手段でも、絶対確実な手段でもない。しかし、それは経験のない心理療法家に少なくとも自己批判の必要性を示し、そのためのある程度の準備の支えとなることのできるものなのである。無意識性のすべてを永遠に棄却できる分析などというものは存在しないだろう。終わりなく学びつづけなければならない。そして、新たな事例はいつでも新たな問題を投げかけるものであり、そうすることでそれまで布置されたことのなかった無意識的前提に機会を与えるものなのだということを忘れてはならない。こう言っても過言ではないはずだ。より深いところに達するあらゆる治療は、そのおよそ半分が医師の内省にあるのだ、と。医師が患者においても正すことができるのは、自分自身において正したものだけだからである。患者に狼狽させられたり、ショックを与えられたりしても、それはけっして間違いなどではない。自分自身の傷つきの分しか、医師は治すことができないのである。傷ついた医師に関するギリシャの神話素が述べようとしているのは、まさにこのことに他ならない。[2]

ここで問題となっているのは、いわゆる「小」心理療法の領域であれば、言うなれば生じないものだ。この場合には暗示、よい助言、的を射た解明などといったもので十分間に合う。これに対して、複雑で知的な人々における神経症や精神病的ボーダーライン状態には、「大」心理療法と呼ばれるもの、すなわち弁証法的手続きが必要になる場合が多い。成果があると見込んでこれを遂行するためには、主観的な前提だけではなく、世界観に基づく前提もできるだけ取り除かれなければならない。イスラム教徒をキリスト教の前提で治療することはできない。パールシー教徒[iii]を正統派ユダヤ教で治療することも、キリスト教徒を古代‐異教的な哲学で治療することも不可能だ。そのようなことをすれば、場合によっては危険な異物を潜り込ませてしまうことになる。このようなことは常に行われており、実施されたとしても必ずしもひどい結果を伴うとは限らない。ただし、これらはひとつの実験であり、私にはその正当性が疑わしいもののように思える。私は保守的な治療の方がそれらよりも勧めるに値すると考えている。直接的な害があると判明していないものの価値は、できるだけ壊さずにおかねばならない。キリスト教の世界観を唯物論的世界観に置き換えるということは、唯物論的信念に反論する取り組みと同じくらい、見当はずれだと私は思う。それらは宣教師の仕事であって、医師の仕事ではない。

心理療法家の多くは私とは異なり、治療プロセスにおいて世界観の問題が問われることなどそもそもないと考えている。彼らが考えるには、病因的要素は例外なく個人の心理の問題なのである。しかし、こうした要素をより詳細に調べてみれば、まったく違う姿が現れてくる。例として、フロイト理論においてきわめて大きな役割を果たしている、性欲動を取り上げてみよう。およそあらゆる欲動がそうであるように、この欲動は個人的に獲得されるものではなく、私たちの個人的な願望、意志、思い、決断などといったものとほとんど関係を持たない、客体的かつ普遍的な事象である。この欲動はまったくの非個人的な力だが、私たちは主観的な判断や世界観に基づく判断をもってそれと対決しようとする。これらのうちで、個人的な領域に属するのは主観的前提のみ（しかもそのごく一部のみ）だ。世界観に基づく判断は、その大部分が一般的な伝統や環境の影響から引き出されたものであり、その人が個人的に築いたり、意識的に選んだりしたのは、そのうちのごくわずかな一部だけである。私は外的、かつ客体的な社会的影響によって形成されて存在しているが、それと同じように、内的な、すなわち何よりもまず無意識的な事象によって存在している。後者のことを、私はもっぱらの主体的要因と名づけた。外向的な志向の人は主に社会的関係に基づくが、他方で内向的志向の人は主に主体的要因に基づく。外向的な人は主体的な決定性にほとんど気がつかず、それを些細なことだと見なす。いや、むしろそれに対してしり込みしてしまうのだ。内向的な人は社会的関係にほとんど関心を示さない。社会的関係を見過ごしがちであり、それに恐怖を感じるとまでは言わなくとも、煩わしいと感じる。外向的な人にとって関係性の世界は本質的なもの、正常なもの、努力に値するもののように思われる。しかし、内向的な人にとっては内的帰結、すなわち自分自身との一致が何よりも重要なのである。

パーソナリティを分析する際、外向的な人の場合には、自分という主体について無意識であること、あるいは自分自身に関する幻想を抱くという犠牲を払って、関係性の世界への順応を得ていることが判明する。それに対して内向的な人の場合には、社会の中でパーソナリティを現実化していく際に、思いもよらずにとんでもない間違いや馬鹿馬鹿しい不手際を犯してしまっていることが明らかになる。一般によく知られたこの両タイプの振る舞いだけでも――クレッチマーが記述したタイプ論的な生理学的気質は論外としても――人間や人間の神経症をたったひとつの理論の枠の中にはめ込むことなど、ほとんど不可能に近いということを示している。

概して言えば、患者はこうした主体的前提に気づいていない場合が多い。残念ながら医師はなおさらそうであり、それによって次の古の真理をつい見過ごしがちになってしまうのである。「ゼウスに許されるものであっても、牛には許されていない」「誰かの役に立つものも、他者にとっては毒になる」。それによって閉じておくべきだったドアが開けられてしまったり、その逆のことが起こったりしてしまうのである。患者が著しく自らの主体的前提の犠牲になっているのと同じように、医学的理論もまたその犠牲になっている。とは言え、その程度はより少ない。少なくとも、医学的理論とは多くの個別の事例の比較の結果として生じたものであり、それゆえにあまりにも個別的なヴァリエーションははねのけられているからだ。しかし、理論の創始者の個人的な偏見に関して言うと、これが当てはまるのは非常に限られた範囲だけである。そのような偏見は確かに比較研究によって多少緩和されるとは言え、それでもなお医師の活動に一定の色調を与え、そして一定の境界を設定している。あれこれの欲動、そしてあれこれの概念が境界線となり、それに応じる形で見せかけの原理となる。それはその研究がそこで終了するということを意味しているのである。この枠組みの中であれば、あらゆることを正しく観察し、主体的前提に応じて論理的に解釈することができる。フロイトにもアードラーにも当然これが当てはまる。にもかかわらず、あるいはまさにそれが原因で、これまで見てきたとおり非常に異なる、そして――一見したところでは――ほとんど一致不可能な見解が現われてくるのである。容易に見てとれることだが、このことの原因は、それに見合ったものは蓄積し、見合わないものは排除してしまう、そのつどの主体的前提にある。

科学史において、こうした展開はけっして例外ではなく、むしろ通例のものである。一度も固有の理論をひとつにまとめることができていないと言って現代の医学的心理学のことを非難する人は、異なる理論的観点なくして生き残った科学などというものは存在しないということを完全に忘れてしまっている。このような不一致は、いつでもそうであるとおり、新たな問題設定の開始点を形成するものなのである。ここでもそれが当てはまったのだ。フロイト－アードラー間のディレンマは、問題全体の中の特定の側面にそれぞれ異なるアクセントを置く、複数の原理的態度を受け入れることで解決が見出されることになった。

ここからはさらなる研究の数多くの可能性が生まれる。中でも興味深いのはア・プリオリな態度のタイプと、その基礎となる機能の問題である。「ロールシャッハ・テスト」や「ゲシュタルト心理学」、特徴的な差異を示すためのその他の試みなどはこの線に沿ったものだ。もうひとつの同じくらい重要な――と私には思える――可能性は、世界観的要因の研究である。すでに見てきたとおり、この要因は何かを選択したり決断したりする上で決定的な意義を有している。神経症の病因論だけではなく、分析的経験を評価する際にも、世界観的要因は重要である。フロイト自身もかつて抑圧の要因としてのモラル的「検閲」の機能を特に強調し、さらには宗教のことを幼児的な願望形成物を維持させる神経症的要因と見なすべきだとまで考えた。「昇華」に関して決定的な寄与をなすような世界観的前提も存在する。別の言い方をすれば、無意識の分析によって暴かれた傾向を時に促進し、時には制止しながら、患者の生の計画の中に組みこんでいく、世界観に基づいた価値カテゴリが存在するということだ。病因論だけではなく――それよりもはるかに重要な――治療、および欠かすことのできないパーソナリティの再構成に関して言っても、いわゆる世界観的要因の研究には特に大きな意義がある。フロイトもこのことを後期の論文で――否定的観点においてではあるが――確認している。フロイトが「超自我」と名づけたもの、すなわち意識的に伝えられたあらゆる集合的信念や価値の総体は、この前提の重要な一部なのだ。正統派ユダヤ教徒にとってのトーラー（モーセの五書）がそうであるように、それらは自我に対して上位の強固な心的システムであり、自我に葛藤をもたらす作用はこのシステムに由来するものなのである。

さらに言うとフロイトは、無意識が時にアルカイックなとしか言いようのないイメージを生み出すことがあるとも述べている。こういったイメージに出くわすのは、特に夢と白昼夢の中である。フロイトはまた、こうした象徴を「成育史的」に解釈、もしくは拡充しようと苦心している。レオナルド・ダ・ヴィンチの夢における二人の母親のモティーフは、こうした象徴の一例だ。[3]

ところで、いわゆる超自我を構成するのが、レヴィ-ブリュールがプリミティヴな人々の心理に関して提唱した概念、すなわち「集合的表象」に相当するものだというのはよく知られている。「集合的表象」とは神話的な原モティーフに基づく普遍的表象や価値カテゴリのことであり、それらはプリミティヴな人々の心的および社会的な生を調整し、形成するものである。私たちは妥当な一般的信念、見解、倫理的価値などといったものによって教育され、世界や生の中で方向づけられているが、「集合的表象」は私たちにとってのそれらと同じようなものなのだ。周知のとおり、それらは私たちのあらゆる選択や決断の行為に、そして何らかの見解を形成していくことに、ほとんど自動的に介入している。それゆえ多少の内省さえあれば、何らかのことをするのはなぜなのか、判断や決断はどのような一般的前提に由来するものなのか、必ずと言ってもいいくらい述べることが可能なのである。病原的に作用する神経症的な判断や決断の誤りとは、概して言えばこうした前提との葛藤のことなのだ。こうした前提の内部で摩擦を生じさせることなく生きることのできる者は、一族の教えを絶対的指針と見なすプリミティヴな人々と同じようにして、私たちの社会の中に順応しているのである。

ある人が逸脱した個人的気質（それが何であれ）によって集合的理念の規範をそれ以上守らなくなると、それによって社会との葛藤だけではなく、それ以上に自分自身との衝突に陥る可能性もある。超自我とは自分自身の中にある心的システムでもあるからだ。このような場合、その人は神経症的になる。すなわち、パーソナリティの解離がその人に生じる。それ相応の精神病理的基盤の上であれば、それがパーソナリティの分裂、すなわちスキゾイド、もしくは統合失調症へと行き着くこともある。このように想定される事例は個人的神経症のモデルであり、パーソナリティに関する解明だけで十分である。経験が示すとおり、この場合には主観的な判断や決断の誤りを取り払う以外の治療方法は一切必要ないからだ。間違った態度を訂正すれば、患者は再び社会に順応できるようになる。患者の病は主に先天性、もしくは後天性の「脆弱性」の産物に他ならなかったのである。このような事例において、一般的な前提、すなわち「集合的表象」を別のものに改めようとするのは完全に間違いだろう。そんなことをすれば患者の病理的脆弱性をまさに助長してしまい、それによって患者をより深く社会との葛藤の中へと押し込んでしまうことになるはずだ。

臨床的に観察すると、統合失調症には二つの異なるタイプと思しきものがあるとわかる。ひとつは無力性のもの（フランス語の専門用語で「psychasthénie（精神衰弱）」というのはこのためである）と、もうひとつは緊張性で実際の葛藤に関わるものである。これと同じことが神経症にも当てはまる。第一のタイプは、純粋にパーソナリティの点から解明されるべき神経症に該当し、これは個人の脆弱性に基づく不適応を示すものである。これに対して第二のタイプは、問題なく適応が可能なはずであり、そのための能力も示していたような個人が表すものだ。患者は確信をもって適応していくことができなくなってしまったり、適応しようとしなくなったりする。あるいはどう考えても可能なはずなのに、なぜ自らの「適応能力」が正常な生を可能にしてくれないのか、わからなくなってしまう。こうした人の神経症の原因は、平均をはるかに超えて、利用できるはずのないプラスを目指していってしまうという点にあると思われる。このような事例においては、世界観的前提に対する意識的な、あるいはたいていの場合そうなのだが、無意識的な批判の存在が予想される。フロイトが遭遇したのもこれと同じような経験だったのだろう。そうでなければ、医学的心理学者の観点から世界観的前提の核としての宗教をあえて批判的に攻撃しようという気になど、きっとならなかったはずだ。医学的経験から見れば、フロイトのこうした試みは確かにある意味でまったく首尾一貫したものだった。ただし、宗教について考察する方法については、まったく異なる意見もありうる。宗教そのものはけっして患者の敵などではない。それどころか、心的な治療システムですらあるのだ。キリスト教の用語法が明らかにしているとおり、また旧約聖書からもはっきりとわかるとおりのことである。[4]

医師をこうした問題に直面させるのは、まさに先ほど述べた第二のタイプの神経症だ。しかしそれだけではなく、臨床的に定式化可能な神経症は持たないが、こころの葛藤、あるいはその他の生きていくことの難しさゆえに医師に相談を求めるという患者も少なからず存在する。そして彼らが医師に提示する問題は、それに対する答えが根本的な問いをめぐる議論へとまっすぐにつながってしまうようなものなのである。こうした人たちは、葛藤には自らの態度の根本的な問題が関わっているということを、そしてこの態度が何らかの原則や一般的観念、すなわち何らかの宗教的、倫理的、あるいは哲学的な信念に左右されるものなのだということを——神経症患者にはめったに、あるいはけっしてわからないことだ——よく自覚していることが多い。心理療法が身体医学や精神医学の枠組みを超えて拡張し、以前であれば聖職者や哲学者が携わっていた領域にまで達しているのは、このような事例のおかげだ。聖職者や哲学者は今日もはやそのようなことを行っておらず、一般の人も彼らにはそのための能力などないと考えている。それらの程度を踏まえて考えてみれば、心理療法家が時に埋めなければならなくなる隙間がどのようなものなのか、そして一方では司牧が、他方では哲学が、生の現実からどれほど隔たってしまったのかがよくわかる。「司牧者が何を言うかなど最初からわかりきっている」「哲学者は実際に始めることのできることなどそもそも何も言ってくれない」。人はそう言って非難する。そして注目すべきことに、司牧も哲学も――数少ない例外を除けば――ここで問題になっているような心理学には際立った反感を示すものなのである。

世界観的前提の中には、宗教的要素が持つ肯定的な意味もある。しかしそれは時代の、社会環境の、そしてそれらと結びついた意識の発達の変化によって、何らかの解釈や見解がその現在性を失い、それによって時代遅れのものになってしまうことを防いではくれない。結局のところあらゆる宗教の根底をなすものである神話素とは、少なくとも私たちの理解にとっては、内的なこころの出来事や経験の表現である。そしてそれは、礼拝の「アナムネーシス」[iv]によって、原イメージを根源的に、そして繰り返し甦らせる無意識と、意識が変わることなく関係を持てるようにするものなのだ。こうした形式やイメージの力で、無意識は意識の中で十分に表現され、無意識の本能的な動きが摩擦を生じさせることなく意識へと伝えられていく。そうすれば、意識は本能的な源泉をけっして失うことがない。しかし、この形式がある程度古いものになると、すなわちその形式が現在の意識との明瞭な関係性を失ってしまうと、それに応じて意識による選択や決断の行為が本能的根源から切り離されてしまう。そして、判断は明確さや確実さの感触を、決断は情動的な「後ろから押す力」[v]を失ってしまい、そのせいで当面は部分的な錯乱状態が生じることになる。プリミティヴな人々が先祖や始祖と結びつけている「集合的表象」は、文明人にとっても無意識への架け橋を形作るものであり、信心深い人が神の本質の世界と見なしているのはこの無意識のことなのだ。この架け橋は少なくとも部分的には崩壊している。そして医師には、それを喪失する憂き目に合っている人たちに不運の責任を負わすなどという真似はできない。医師にわかるのは、歴史の中ですでに何度も生じてきたのと同じくらいの、心的状況全体の桁外れの変化がそこで問題となっているということだ。このような変容に対しては、個々人はまったく無力なものなのである。

医師にできるのは、どのような治癒や回復の試みを自然が講じているのかを観察しようとすること、そしてそれを理解しようとすること、ただそれだけだ。かなり以前から、経験によって示されてきたことがある。それは、意識と無意識との間には補償的な関係が存在するということ、そしていつでも無意識は欠けているものを付け足すことによって、全体性を目指して心の意識的部分を補足し、そうすることで危険なバランス喪失を防ごうとしているということである。ここで問題となっているような事例においては、無意識は予想されるとおり、補償を行う象徴を生み出す。これは崩れ落ちてしまった架け橋の代わりを務めるはずのものだが、意識の助けなしには影響力を持ちえない。すなわち、無意識から生み出された象徴が効果的なものになるためには、意識から「理解」されなければならない。つまりは同化され、統合されなければならないのだ。理解されない夢は単なる出来事のままである。理解がそれを経験に変えていくのだ。

そこで私は、無意識の表現形式を研究し、その言葉を理解できるようになるということを自らの中心課題と見なしてきた。世界観的前提とは一方で重大な歴史的事柄であり、他方で無意識が生み出す象徴とは心のアルカイックな機能方式に基づくものである。それゆえこうした研究にあたっては、一方では膨大な歴史的素材を処理し、他方ではそれと同じくらい膨大な経験的観察素材を収集し、論じていかなければならないのだ。

無意識の産物に対する深い理解が臨床的に必要とされるのは明白である。したがって私は、かつてフロイトが進んだ方向の、さらに先へと進んでいることになる。ただしその際、あらかじめ抱かれた形而上学的な意見を持たないようにしている。むしろ私は直接的な経験の方を頼りとし、その経験に即したものであっても反したものであっても、形而上学的信念には手をつけないでおこうと思っているのである。私は心を超えたところに、あるいは心の向こう側に立って、言わば超越的なアルキメデスの支点からそれを評価できるなどと自惚れようとは思わない。自分自身が心の中に囚われた存在だということを、そして心の内部で起こることを記述していく以外にできることなどないということを、私はよく自覚している。たとえばおとぎ話の世界を研究すれば、さまざまな装いのもとではあっても、特定の形態が何度も繰り返されているという印象は避けがたくなる。民俗学者がモティーフ研究と呼ぶものが、それらの比較の結果から生まれてくる。無意識の心理学は、伝承、おとぎ話、神話、宗教の中の心的形態と同じように、夢、ファンタジー、ヴィジョン、妄想的イメージなどの中に現われてくる心的形態を扱っていくものに他ならない。この心的領域全体にはモティーフ、すなわち典型的形態が存在する。それは歴史的には太古の昔にまで、そればかりか先史時代にまでも遡ることも可能なものであり、それゆえ元型と呼んでよいものなのだ。[5] 私にはそれらが人間の無意識そのものに構造的に備わったもののように思える。そうでなければ、たとえ救世主が魚、ウサギ、仔羊、ヘビ、人間のいずれであっても、それらが普遍的に、そして同一の形で存在することが説明不可能になってしまうからだ。さまざまな偶発的な装いをしても、それらはみな同じ救世主の姿なのである。こうした類の多くの経験から、私は次のように結論した。意識が人間に備わったもののうちでもっとも個別的なものだというのは確かだが、それに対して人間の影、すなわち無意識の一定の表面層は、それほど個別的というわけではない。つまり、人間とはその性質の悪徳よりも、美徳によって区別されるものなのだ。とは言え無意識とは、それがもっとも重要かつ影響力を持つ姿で登場する際には、どこでも同一の集合的現象と見なすことの可能なものである。無意識とはどこでも差異がないと思われる何かであり、それゆえたとえいまだに大いなる暗闇がその本質を覆っていたとしても、独特の単一性を形成していると言ってよいだろう。なお、今日の超心理学は無意識と直接結びついた顕現現象をその対象としている。中でもＥＳＰ現象（Extra-Sensory Perception）[6] はこれに属するものであり、医学的心理学がこの現象を見過ごすことはできない。もし仮にこれらの現象が何らかのことを証明するとすれば、それは集合的無意識の単一性の特徴を明らかにする、空間や時間の何らかの心的関連性だろう。とは言え、さしあたり確かなものと言えるのは二つの事実だけだ。すなわち、個人の象徴と神話素の間の一致、およびＥＳＰ現象である。こうした現象の解釈は、未来に委ねられている。

除反応の治療的価値

『ブリティッシュ・ジャーナル・オブ・サイコロジー』誌に寄稿した論文において、ウィリアム・マクドゥーガルはいくつかの重要な考察を表明した。それは彼がウィリアム・ブラウンによる「情動的記憶の再生とその治療的価値」という論文について評した中のもので、このマクドゥーガルによる重要な考察について、ここで注意を促しておきたい。世界大戦の結果としてもたらされた神経症は必然的にトラウマ的な病因を伴うものであり、神経症のトラウマ理論の問題全体を蘇らせることになった。トラウマ理論は平時の間、科学的議論の背景に保たれてきたが、それは故なきことではなく、神経症の病因に関するこの理論の概念が適切と言うには程遠いものだったからである。

このトラウマ理論の創始者はブロイアーとフロイトである。フロイトは神経症についてさらに深い探求を続け、すぐに神経症の真の起源をより適切に考慮した見解を採用することになった。通常の事例の大多数において、トラウマ的病因は問題とならないのである。

神経症とは何らかのトラウマ、もしくはその他によって引き起こされるものだという印象を作り出すためには、取るに足らない副次的な出来事までをも、理論のために恣意的に強調しなければならなくなる。こうしたトラウマが単なる医療的ファンタジーの産物、もしくは患者が自らおもねった結果ではないならば、それらは二次的な現象、すなわちすでに神経症的だった何らかの態度の結果である。概して言えば、神経症とはパーソナリティの病理的で一面的な発達のことであり、感知できないほど微かなその始まりは必ずと言っていいほど幼児期の最初期にまで遡ることができる。まったく恣意的な判断をもって言う以外に、神経症が実際に始まったのがどの時点なのかを述べることなど不可能なのだ。

もしも決定因を患者の胎児期の生にまで遡り、したがって受胎と妊娠時の両親の身体的および心的な性質まで含めて考えたとしても――このような見方は特定の事例においてはけっしてありえない話ではない――患者個人の生における神経症の起源の絶対的地点を恣意的に選ぶことに比べれば、そのような態度は無理なく承認可能なものだろう。

当然ながらこの問題を扱うにあたっては、症状の表面的な出現から影響を受けすぎてはならない。たとえ患者とその家族が共に、そうした症状の最初の出現が神経症の始まりと同じ時期だと考えていたとしてもだ。より徹底的に調べてみればほぼ例外なく、臨床的症状の出現よりもはるかに以前に、何らかの病的な傾向が存在していたことが明らかになるのである。

専門家であれば誰にとっても昔からお馴染みだったこれらの明白な事実は、トラウマ理論を背景へと押しやることになった。ただし、それは戦争の結果としての大量のトラウマ性神経症が生じるまでの話だったのである。

戦争神経症において、トラウマ——激しいショック——は神経症にまつわる既存の歴史に打撃を与えた。しかし、こうした戦争神経症のおびただしいほどの事例を別としても、神経症的な資質がまったく確認されなかったり、あるいはそれがあまりにも些細なものなのでトラウマなくしては神経症がほとんど生起しえなかったというような事例はけっして少なくない。この場合、トラウマは単なる解放要因ではない。それは「作用因」という意味で原因となるものであり、本質的要因として戦場という特殊な心的環境が含まれている場合にはなおさらである。

これらの事例は私たちに新たな治療的問題を呈示している。この問題は、もともとのブロイアー－フロイトの方法、およびその根底にある理論への回帰を正当化するもののように思える。トラウマとは単一かつ明白な暴力的衝撃、もしくは心的な傷つきに結びつくかもしれない観念や情動のコンプレクスのいずれかであるからだ。このコンプレクスに触れるものは何であれ、たとえ微かに触れるものであっても、激しい反応、すなわち紛れもない情動の爆発を引き起こす。つまり、トラウマとは高度に情動を充塡されたコンプレクスのことだと言ってもいい。そして一見すると、大きな効果をもたらすこのような情動の充塡こそが障害の病理的原因であるかのように思われるので、その完全な解放を目標とする治療を仮定することも可能である。このような見解は単純かつ論理的なものであり、除反応——すなわちトラウマ的瞬間の劇的解放、覚醒時もしくは催眠状態におけるトラウマの情動的反復再生――が有益な治療効果を有することが多いという事実と、表面上は一致している。誰もが知るとおり、人は強烈な体験が持つ情動的価値が失われるまで、その体験のことを何度も繰り返し語らずにはいられないという、やむにやまれぬ欲求を感じるものである。箴言にあるとおり、「心を満たすものは、口から出てくる」のだ。[ii] 誰かに打ち明けるということによって、妨げとなる影響をそれ以上持たなくなるまで、トラウマ的体験の情動性を徐々に無力化していくのである。

この概念は一見したところ明確であり、また単純である。しかし残念ながら――マクドゥーガルがいみじくも異を呈しているとおり――その適切さに関して言えば、他の多くの、同じくらい単純で、それゆえ思い違いの説明と大差ない。人はこの手の見解をまるでドグマであるかのようにして、激烈かつ熱狂的に擁護せずにはいられなくなってしまう。経験を前にしたときに、持ちこたえることの不可能なものだからだ。多くの事例において除反応は役に立たないというだけではなく、実際に害をなすものだということを指摘した点においても、マクドゥーガルは正しい。

これに応じる形で、名誉を傷つけられた理論家という態度をとって「除反応法が万能薬だと主張した覚えなどないし、どの方法であっても難治例と出会うことはある」と述べることも可能だろう。

しかし、私はこう反論したい。当該の方法や理論の中にもっとも多くのことを明らかにする洞察を加えることができるのは、まさにその場所、すなわち難治例の入念な研究においてではないか、と。難治例は成功例よりもはるかに明確に、理論の弱点がどこにあるかを明らかにしてくれるからである。もちろんこのことは方法やその正当性の誤りの証明にはならないが、理論、そして間接的には方法を可能であれば改善するように、少なくとも導いてくれるものなのである。

マクドゥーガルはこう主張している。本質的要因は心の解離であって、高度に充填された情動の存在ではない。したがって治療の主要な問題は除反応ではなく、解離をいかにして統合するかだ、と。その際、彼は問題を的確に指摘していたのである。この主張は私たちの議論を前進させるものであり、またトラウマ的コンプレクスが心の解離をもたらすという私たちの経験とも完全に一致している。コンプレクスとは意思のコントロール下になく、それゆえに心的自律性という性質を有するものなのである。

コンプレクスの自律性の本質は、意思から独立し、意識的傾向とは正反対でさえある形で自らを顕現させる、その力にある。それは暴君のようにして、意識的精神に押し寄せてくる。情動の爆発とは個人に対する完全なる侵略であり、まるで敵や野生動物のようにしてその人に襲いかかってくるのだ。典型的なトラウマ的情動が夢の中で危険な野生動物――意識から切り離された際のその自律的な性質の印象的な表現――として表されるのを、私はこれまで何度も見てきた。

この角度から考えてみれば、除反応は本質的に異なる姿を示すことになる。トラウマ的状況をもう一度、あるいは何度も繰り返し経験することによって、自律的なコンプレクスを再統合し、受け入れられた内容としてそれを意識的精神の中へと徐々に組み入れる試みとしての姿である。

しかし、私は疑問に思う。事はそれほど単純なのだろうか。このプロセスにとって本質的な要因が他にも存在しているのではないだろうか。体験を詳しく物語ることそのものは治療効果を持たないということを強調せざるをえないからだ。体験は必ず医師の存在のもとで語られなければならないのである。

もしも治療効果が体験を詳しく物語ることのみに依拠するものであるならば、除反応とは患者が一人で、単独の実践として行うことの可能なものであり、情動を語る人間的対象は必要ないということになるだろう。しかし、医師による介入は必要不可欠なのである。理解と共感を示す医師に対して自らの経験を打ち明けるときに、患者にとってそれが何を意味するのか、容易に了解可能だろう。トラウマ性のコンプレクスが持つ手の施しようのない情動に対抗するためのモラル面での支持を、患者の意識的精神は医師の中に見出すのである。患者はこうした根本的な力との闘いにもう一人きりで立ち向かうことはない。信頼する誰かが手を差し伸べ、コントロールされていない情動の暴政と戦うためのモラル面での強さを貸し与えるのだ。こうして、手に負えなかった情動を再びコントロール下に収めることが可能になるまで、患者の意識的精神の統合の力が強化される。医師の側にあるこの影響力は絶対に不可欠である。お望みとあらば、それを暗示と呼んでも差し支えない。

私自身はと言えば、それを医師の人間的関心、個人的熱意と呼びたい。これらはいかなる方法の特質でもなく、またそうなることはありえない。それらは除反応のみを用いた事例だけではなく、心理療法のあらゆる方法においてきわめて重要なモラル的性質である。トラウマ的瞬間を詳しく物語ることで神経症的解離を再統合することができるのは、医師との関係によって患者の意識的パーソナリティが強化されて、患者が自律的コンプレクスを意識的に意思のコントロール下に置けるようになる場合だけである。

こうした条件のもとでのみ、除反応は治療的価値を持つ。ただし、これは情動的緊張の解放のみに依拠するものではない。マクドゥーガルが示しているとおり、それよりもはるかに解離が無事に解消されるかどうかに依拠するものなのである。だとすると、除反応が否定的結果をもたらす事例もまったく違う姿を現わすことになる。

いま述べたばかりの条件を欠いた場合、除反応そのものは解離を解消するには十分ではない。トラウマを詳しく物語ったものの、自律的コンプレクスの再統合には失敗してしまったとしよう。だとしても、コンプレクスを克服し、それを同化できるように、医師との関係性が患者の意識の水準を引き上げることは可能である。しかし、患者が医師に対して特に頑なな抵抗を持っていたり、医師が患者に対して適切な態度をとっていないなどといったことは往々にしてある。いずれの場合においても、除反応法は破綻してしまう。

トラウマによる決定をほとんど被っていない神経症の治療にあたって、除反応というカタルシス法がろくな成功を収めないのは当然である。それは神経症の本質とは無関係であり、このような場合にそれを厳密に適用することはまったく馬鹿げている。仮に部分的に成功が得られたとしても、それは明らかに神経症の本質とは無関係であったその他の方法による成功と大差ないはずだ。

こうした事例における*成功*は暗示によるものであり、通常は非常に限られた期間しか持続せず、明らかに偶然の出来事である。その成功の主たる要因はいつでもきまって医師に対する転移であり、医師が自身の方法を熱烈に信じ込んでいるのが明白であるならば、これが確立されるのはそれほど難しいことではない。それは催眠やその他の治療法と同じくらい、神経症の本質とはほとんど無関係なものであり、まさにそれが原因で分析が選ばれ、わずかな例外はあるものの、カタルシス法は長い間放棄されてきたのである。

カタルシス法がもっとも揺らぐまさにその場所、すなわち医師と患者との関係性において、分析的方法はもっとも否定しがたいものとなる。悪い部分を根源から抜き出すために、主として幼児期の非常に早い時期のコンプレクスを「掘り出す」のが分析だなどという見解はいまだにさまざまな方面で優勢だが、実際にはそのようなことは重要ではない。これはかつてのトラウマ理論の残滓にすぎない。このような成育史上の内容が実際の意味を持つのは、それらが患者の現実の適応を妨げている場合だけである。幼児的ファンタジーのあらゆる派生物を念入りに追っていくこと自体はそれほど重要ではない。治療効果は、患者の心の中に入り込み、そうすることで心理学的に適切な関係性を確立しようとする医師の取り組みから生じる。患者はそうした関係性の欠如にこそ苦しんでいるからである。フロイトその人も、転移が精神分析のアルファでありオメガだということを昔から認識していた。[iii] 転移とは、医師と心理学的なラポールを持とうとする患者の試みなのである。解離を克服するためには、患者にはこうした関係性が必要なのだ。ラポールが弱ければ弱いほど、つまり医師と患者の相互理解が少なければ少ないほど、転移はより強力に育まれ、その形式はより性的なものとなるだろう。

適応という目標の達成が患者にとって重要なものであるからこそ、補償の機能として性愛が生じるのである。その目的は相互理解ではまず達成できない、関係性の強化なのだ。こうした状況において、転移は治療の成功にとってもっとも強力な障害となりうる。激しい性愛転移が特に頻繁に生じるのは、分析家が性的側面に集中しすぎている場合だというのは驚くに値しない。そのとき、理解に向けた道は、それ以外すべて閉ざされているからだ。夢やファンタジーをもっぱら性的に解釈するというのは、患者の心理学的素材に対するおぞましい侵害である。幼児－性愛的ファンタジーはけっして事態のすべてではない。神経症からの出口の形成を目的とする創造的な要素が、そうした素材には含まれているからである。この自然な出口という手段が妨げられてしまうのだ。医師は性的ファンタジーという荒野における唯一の確かな隠れ家であり、患者は激しい性愛転移をもって医師にしがみつく以外の選択肢を持たないのである。もっとも、関係性を憎しみのうちに破綻させることを望まないのであればの話だが。

いずれの場合も、もたらされるのは精神的な破壊だ。これはよりいっそう遺憾な事態である。精神分析家がそのような嘆かわしい結果を望むはずがないのは明らかなのだから。けれども性愛というドグマへの盲従を通じて、往々にして彼らはそうした事態を引き起こしてしまうものなのだ。

もちろん知的な面で言えば、性的解釈とはきわめて単純なものである。数えきれないほどのヴァリエーションで繰り返される、一握りの基本的な事実に関わるのがせいぜいのところだからだ。どこで事が済むのかは、必ず最初からわかりきっている。「われわれは糞と尿の間に生まれてくる」というのはいまもなお永遠の真実だが、それは不毛かつ退屈な、そして何よりつまらない真実である。こころが子宮へと戻ろうとするありとあらゆる事細かな試みを永遠に還元しつづけたところで、それには何の意味もない。それは紛れもない技術的失敗である。心理学的な理解を促進することなく、それを破壊してしまうものだからだ。神経症患者は他の何にもましてこの心理学的ラポールを必要としているのである。解離状態の中で、このラポールは自分自身を医師の心に合わせることの手助けとなる。このような人間的関係性を確立することはけっして簡単ではない。それは大変な苦労と入念な注意をもってして、はじめて築き上げることのできるものである。あらゆる投影——転移とは投影によって作られるものである——をその根源へと絶え間なく還元していくというのは、生育史的にも学問的にもかなり興味深いことだろう。しかし、それが生に対する適応的な態度を作り出すことはけっしてない。正常な人間的関係性を築き上げようとする患者のあらゆる試みを要素へと分解し、そうすることで必ず台無しにしてしまうからだ。

もし仮にこういったことにもかかわらず、患者が生に適応することに成功するのだとすれば、それはモラル的、知的、そして美的な価値を大いに犠牲にしてのことだろう。それらの喪失は、人間の個性にとって悔やむべきことである。この大いなる損失を別としても、絶え間なく過去のことを思い悩み、いまとなってはとり返しがつかなくなった何かを物欲しげに振り返るようになるという危険が存在する。すなわち、おぼろげな過去、子ども時代の養育、両親の性格などといったものの中にいつでも劣等感の原因を探そうとするという、神経症患者の間で非常によく見られる病的傾向のことだ。

重要とは言えない決定因を綿密に検討していっても、患者の現在の劣等感に与える影響は小さいだろう。世界大戦の原因を同じように徹底的に調査してみても、現存する社会条件が改善されることが少ないのと同様だ。本当の問題はパーソナリティ全体のモラル的達成なのである。

もちろん、一般原則として還元的分析は不要だなどと主張するのは短絡的であり、戦争の原因の調査の価値をすべて否定するのと同じくらい、知性を欠いたものだろう。後に続く統合の土台を築くために、医師はできるだけ深く神経症の起源に探りを入れなければならない。還元的分析の結果、患者は偽りの適応を剝がされ、自らの原点へと戻される。もちろん心は何らかの人間的対象――通常は医師だが、医師の対極として振る舞う、患者の夫や友人のようなその他の人間である場合もある――への繫がりを強化することで、この喪失を補おうとする。これが転移の一面性を効果的に調整してくれることもあるが、治療の進展にとって厄介な妨げだと判明することもある。医師への強化された結びつきは、現実に対する患者の誤った態度の補償である。私たちが「転移」と言っているのは、この結びつきのことなのだ。

転移現象はあらゆる徹底的な分析に必ず生じる特徴である。医師は患者の心理学的な発達ラインのできるだけ近くに触れなければならないからだ。患者の奥底の心的内容を医師が自分自身の中へと同化させることができれば、医師はその分だけ人物像として、今度は患者の心の中へと同化されると言ってもいい。「人物像として」と述べているのは、患者は医師のことを、当人が実際そうであるとおりにではなく、患者の以前の成育歴に重要な存在として登場した人々のうちのひとりとして見ているということを言わんとしているからだ。医師は彼らと同じように、患者に心の奥底のあらゆる秘密を打ち明けさせる存在であり、それゆえこうした記憶イメージと結びついていく。それはまるで医師にこれらの記憶イメージが持つ力が充填されたかのようなものなのである。

つまり転移とは、現実の心理学的関係性の代わりとして働く、数多くの投影のことなのである。これらの投影が作り出すのは見せかけの関係性だが、これは非常に重要なものなのだ。患者の習慣となっていた適応への失敗が、分析による過去への移動によって人為的に強化された際に生じるものだからである。それゆえ転移の突然の断絶にはきわめて好ましくない、危険でさえある結末が必ず伴う。途方もないほど孤立した状況に患者を置き去りにしてしまうからだ。

こういった投影がその起源にまで遡って分析されたとしても――そしてあらゆる投影がこのようにして解消され、処理されうるものだとしても――人間的関係性を求める患者の訴えはなお残る。この訴えは認められなければならない。そうした類の関係性なくしては、患者は虚無へと陥ってしまうからである。

適応という要求をある程度適切に満たそうとするのであれば、患者は何らかの方法で自らを現に存在する対象へと関連づけなければならない。還元的分析とは無関係に、患者は医師のことを性的欲望の対象としてではなく、純粋に人間的な関係性の対象として見るようになるだろう。そうした関係性の中では、それぞれの個人にふさわしい場所が保証される。もちろんこのようなことは、あらゆる投影が意識的に認識されるようになるまでは不可能である。したがって投影には何よりも先に還元的分析を施さなければならない。もちろん、個人的な関係性を求める根本的な訴えの正当性と重要性を一時も忘れずにという条件つきの話である。

ひとたび投影がそのようなものとして認識されるようになれば、転移として知られている特殊な形式のラポールは終わり、個人的な関係性の問題が始まる。文献を熟読し、夢の解釈や、自分や他人の中のコンプレクスの発掘に親しんできた研究者であれば、誰しもここまでは辿り着くことができる。しかしそれを超えて進む権利があるのは、自分自身が徹底的な分析を経験した、もしくは真実への情熱を仕事に注ぎ、患者を通じて自分自身を分析することのできる医師だけである。前者を望まず、後者を達成できない医師は、けっして分析に触れてはならない。権威などというくだらない自惚れに縋りついてみても、何かが足りないと見なされることに変わりはないからだ。

結局のところこの手の医師の仕事は、その何もかも知的なこけおどしになってしまう——医師自身がこうもはっきりと劣った存在であるのに、どうやって患者が病的な劣等感を克服できるように手助けできるというのか。まるで劣った存在だと見なされることへの恐れから、権威、有能さ、卓越した知識などといった職業的な仮面を脱ぐことができないとでもいうかのようにして、医師が自分自身のパーソナリティとかくれんぼをしているのを目の当たりにしているというのに、いったいどうすれば患者が自らの神経症的な口実を手放すことができるようになるというのか。

部分的な成功の時点で短期間で終わることのなかった、もしくはまったく成功せずに立ち往生してしまったあらゆる分析の試金石は、いつでもこのような人と人との関係性なのだ。すなわち、患者が対等の立場で、そして治療の過程で医師から必ず学ばなければならないものと同じくらい毅然とした批判をもって医師と向かい合う、心理学的状況のことである。

こうした類の個人的関係性は、転移の隷属的で人間を貶める縛りとは反対に、自由に話し合われた結びつき、もしくは契約である。患者にとって、それは橋のようなものだ。患者はそれに沿って、価値のある存在に向けた最初の一歩を踏み出すことができる。患者は自らに固有のパーソナリティには価値があるということ、自分が何者であるかが受け入れられたということ、そして生の要求に自らを適応させる力を自分が持っているということを発見する。しかし、医師が方法の影に隠れつづけ、疑問を受けつけることなくあら捜しや批判に耽っているかぎり、こうした発見がもたらされることはない。その医師が用いる方法が何であれ、それは暗示と大差なく、結果は方法に準じたものとなるだろう。患者が手にしなければならないのはそのようなものではなく、まったく自由な批判の権利と、人間的に同等だという真の感覚なのである。

私が思うに分析とは、型通りの技法を単に適用していくことに比べ、医師の精神的およびモラル的資質にはるかに高い要求を行うものなのだということ、そして医師の治療的影響力は何よりもまずこうしたより個人的な方向性の中にあるのだということを、十分に示すことができたと思う。

しかし、もしも方法にはほとんど、あるいは何の意味もないなどという結論を読者が出してしまったならば、その方は本稿で述べられたことを完全に誤解なさっていると言わざるをえない。単なる個人的な共感では、その人の神経症についての客観的な理解を患者に与えることができないのだ。患者を医師から自立させ、また転移に対する対抗作用を用意するのは、この客観的な理解なのである。

患者の病について客観的に理解し、個人的な関係性を創り出すためには、科学が必要だ——限定された領域のみを包含する純粋に医学的な知識ではなく、人間の心のあらゆる側面に関する広範な知識が。治療がかつての病的な態度を破壊するだけのものであってはならない。治療とは健全かつ健康な、新たな態度を築き上げるものでなければならないのである。このことが要求しているのは、ものの見方の根本的な変換である。患者は自らの神経症の原因と起源について理解できるようになるだけではなく、自分が目指している正当な心理学的目標のことも理解していかなければならない。患者の病的状態を異物のようにして、単に摘出するような真似はできない。本質的な何か、生にとって意味のある何かが、それと一緒になって除去されてしまってはならないのだ。私たちの課題はそれを抜き取ることではない。そうではなく、心の全体性の中で自らの役割を果たすことができるようになるまで、この育ちつつあるものを育み、変容させることなのである。

心理療法実践の現実

心因性の障害とは、身体疾患よりもはるかに不規則かつ個別的なものです。経験を増したとしても、実際にどのように診断すればよいのか迷ってしまうことさえあります。神経症の個別的なヴァリエーションのことを考えれば、たとえば「ヒステリー」と診断してみたとしても、そのことにはもうほとんど何の意味もないということになるでしょう。「ヒステリー」は器質的疾患の可能性との比較がなされる際にしか意味を持ちません。心理療法家にとって「ヒステリー」という言葉が意味するものは、一般医にとってたとえば腸チフス、猩紅熱、肺炎といった言葉が意味するものよりもはるかに少ないのです。「強迫神経症」や「統合失調症」と同じように、「ヒステリー」とは臨床的にも心理学的にも曖昧に定義されているひとつのグループです。こうした名称なしに事を済ませることができないというのは確かですが、本当はそれほどたいしたことを言ったわけではないという感じを味わいながら、私たちはこうした名称を用いています。概して言えば、臨床家にとって診断はそれほど重要なことではありません。治療の必要性や困難さは、言ってみればほとんど偶然のものである診断とは、まったく別の要因との関連の方が深いものなのですから。症例とは言ってみればもっぱら個別的なものであり、それゆえ明確な診断の基礎とすることができるような、典型的な経過などというものは存在しないと言ってよいくらいなのです。

全体として個別的な分析という特徴を持つものに関して言えば、診断について当てはまることは治療にも当てはまります。明確な診断をするのが不可能なのと同じように、典型的な治療過程を記述することもまた不可能なのです。このニヒリズム的とまでは言わないまでもやや過激な言明は、ある方法が原理原則として使用されるような場合には当然ながら関係ありません。このような場合には、個別的な症状論や病因論の根本的な認識ではなく、手続きの方にアクセントが置かれることになります。言わば盲目的に、そして無頓着に、何らかの方法を個別的な事象に用いることができるのです。催眠をかけることも、暗示を施すことも、意思を育むことも、そして精神分析を行うこともできます。そしてその際、個々の神経症は使用される方法にとっての障害物以上の何かを意味することはないでしょう。内科医であれば特に熟考することがなくとも、梅毒には水銀化合物を、リューマチ性関節炎にはサリチル酸塩を使用することができます。そして通常であれば、その際にそれほど大きく的を外すことにはなりません。ところが、神経症をフロイト、アードラー、ユングにしたがって治療するとき、すなわち彼らが提唱している方法を原理原則として利用する場合には、次のようなことが容易に起こりえます。それは、それそのものとしては問題ないはずの手続きが不規則な神経症によって乱され、それゆえ治療全体に何も生じなくなってしまうという事態です。そうなると因襲的な観点では「患者が失敗したのだ」と言われます。まるでそれ自体ではいつでも効果的なはずの方法が持つ、疑いの余地のない恩恵を患者が受けそこねたとでも言うかのようにして。

すでに述べたとおり、方法を原理原則として使用できるのは、病理的プロセスが個人的な心的領域ではなく、明らかに集合的な心的領域で展開している場合、そしてその方法の心理学的前提が病理的事象と一致している場合のみのことです。誰もが力にまつわるコンプレクスや承認コンプレクスを持っているわけではありません。概してそれは成功していない人に特有のものです。そして誰もがインセスト的ロマンの中に巻き込まれているということもありません。それは家族によって快楽原則を変性させられてしまった人に特有のものです。その方法の心理学的前提が当該の患者の状況と一致している場合であれば、それでもうまくいくでしょう。けれどもそれは、集合的な心理学的前提が新たに現われはじめた個別的要因のことをそれ以上把握しきれなくなる瞬間までの話です。問題となるのはもはや承認欲求や幼児的セクシャリティへと還元可能な虚構や劣等感情、あるいは抵抗や抑圧などではなく、個別的かつ重大な意味を有する一度限りの何かなのです。この場合、失敗するのは方法や医師の方であり、患者ではありません。いつも転移に「失敗」してしまうせいで、別の言い方をすれば、その方法が治療的成果のためには必要不可欠だと声高に言っている転移を実現できなかったせいで、治療を受けることができなかったと悲しげな表情で打ち明けてくる患者に、私はこれまで何度も出会ってきました。こんなことを患者に吹き込む医師は、「転移」とは「投影」という用語をドイツ語化したものに他ならないということを完全に忘れてしまっているのです。意図的に投影を作ることのできる人などいません。投影とは生じるものなのです。加えて言えば、それらは治療をより困難にするだけの幻想です。転移によって簡単に得られたかのように見えるものは、長い目で見れば必ず損失です。転移によって症状を失った患者は、必ず医師をこの奇跡の保証人に仕立て上げ、その分だけ自らを分析家に縛りつけてしまうことになるのですから。

　ある方法を原理原則として使用する場合、少なくともその方法の範囲内であれば、治療についてある程度典型的な経過を記述することも可能です。ただし私個人としましては、経験に基づき、診断も治療的「方法」も同じくらい自重していると告白せざるをえません。個人の、そしてそれぞれの神経症のヴァリエーションが途方もないほど多いという日々の経験から、私は前提を最小限にしてそれぞれの事例に歩み寄ることが理想だと思うようになりました。もちろんこの理想は一切の前提を持たないということではありません。その人自身こそ最大かつ最重要な前提なのですから、非常に厳格な自己批判を行使したとしても、そんなことは不可能でしょう。一切の前提を持たぬように、そしてあらかじめ用意された方法を一切用いぬようにしたとしても、その人自身がひとつの前提であり、自らの方法でもあります。つまり、私たちは自分が実際にそうであるとおりに振る舞うものなのです。人々の間には多様性が存在しますが、それでもなお非常に多くの同質性や類似性は存在します。けれども、私たちが患者と共に相同性の領域の中で動いているかぎり、治療的には根本的な何かが生じることはありません。それでは相互理解の基盤を敷くのがせいぜいといったところだったということです。この相互理解の基盤は、多様性に突き当たった際には助けとなってくれるに違いありません。病のプロセスは、できるだけ早くこの多様性の中に引きこもろうとするものです。しかし異質性が相手となると、一般に妥当とされる何らかの前提を常に基盤とせざるをえないあらゆる方法論は失敗してしまいます。異質性とのこうした対決に仮に名前をつけるとすれば、それを弁証法的方法と呼ぶことができるでしょう。ここで言わんとしていることは、私が持つ前提と、患者が持つそれとは異質の前提との間に対決が生じるということにすぎません。患者が持つ前提が少なくとも部分的には病理的なものであるのに対して、医師の側にはいわゆる正常な態度が想定されているということによって、この対決は複雑なものとなります。「正常」という、この少々曖昧な概念が意味しているのは、少なくとも医師の側は神経症を患っていないということ、そして精神的な力をおおむね十分に有しているということにすぎません。反対に医師自身が神経症的であるならば、患者との致命的な無意識的同一化状態、すなわち陽性もしくは陰性の符号のついた、いわゆる「逆転移」が生じるのは避けようもありません。医師の側に神経症は存在せず、ただ通常よりもやや広い範囲に及ぶ無意識性が存在するだけという場合であっても、相互的な無意識性の領域、すなわち逆転移は十分に確立可能です。この現象は心理療法家の職業上の主たる危険要素のひとつです。それは医師の側にも患者の側にも心的感染を生じさせ、治療プロセスを行き詰まらせてしまいます。自分自身がいるところ、そして歩みを止めたところ、まさにそこから先は、医師は患者を助けていくことはできません。無意識的同一化状態の発生はそのことの理由でもあります。私の臨床実践のかなりの部分は、以前の医師のもとでは行き詰まってしまった事例で成り立っています。さらに言うとこの行き詰まりは必ず、医師が自らに関して言ってもそれ以上進むことができなかった、まさにその地点で生じていたのでした。無意識的同一化状態が生じるとすぐに、対決のプロセスが奇妙に皮相化してしまっていることに気がつかされます。夢は理解不能になり、あるいはそもそも夢が見られなくなります。個人的な誤解や情動、あるいは諦めからくる無関心が生じます。これは遅かれ早かれ治療の無益な中断へと繋がるものです。

　ここで問題となっているのは、必ずしも医師が自分自身の個人的な問題を回避しているということだけとは限りません。そうではなく知識の不足の問題であることもあり、これは無意識性とまさに同じ作用をもたらすものなのです。ここで、少なからず悩みの種であった、ある事例のことが思い出されます。[1]二五歳の女性の患者で、彼女は過度な情動性、気性の激しさ、そしてヒステリー性の発熱に悩まされていました。非常に音楽の素養のある人でしたが、ピアノを弾くとそのたびに激しい情動に陥って、数分で体温が上がり、一〇分後には三八度、場合によってはそれ以上の熱に達するほどだったのです。他にも彼女は、優れた知性の持ち主であるにもかかわらず、人と強迫的に議論してしまうこと、鼻持ちならない哲学的詭弁を弄してしまうことにも悩まされていました。結婚はしていませんでしたが、恋人がいて、彼女の気性があまりにも激しいことを別とすれば、その関係は完全に正常なものでした。彼女はある分析家のもとで二カ月治療を受けましたが、何の成果もありませんでした。次に女性の分析家のところに行ったのですが、一週間後にはもうそこでの治療は中断してしまいました。私は三人目というわけです。彼女の見解によれば、彼女は治療に失敗する類の人間だとのことでした。ですから患者は、相当な劣等感を抱えながら私のもとでの治療を開始したのです。なぜ以前の医師たちのもとではうまくいかなかったのか、彼女には見当もつきませんでした。当然ながら、私は彼女に少々長めの既往歴を詳しく話してもらったのですが、それには数時間を要しました。その後で、私は彼女にこう尋ねたのです。「X先生（最初の主治医）のところで治療を受けていたとき、そのすぐ最初のころに、気になるけれど、そのときには理解できなかった、そんな夢を見ていたということはありませんか」。すぐに彼女は、そこでの治療の最初の二週目の時点ですでに夢を見ていたということを思い出しました。その夢は印象深いものでしたが、そのときには理解できなかったのです。けれども後の経験と照らし合わせてみれば、彼女にもその夢が十分明確なもののように思えてきました。彼女が見た夢はこうです。**彼女は国境を越えて行かなければなりませんでした。彼女は国境の駅に辿り着きました。夜でしたが、どこならば国境を越えることができるのか見つけなければなりません。しかし、道を見つけることができず、彼女は暗闇の中で迷ってしまいました。**この暗闇は無意識性、すなわち医師との無意識的な同一化状態です。この医師自身もまた、状況を変えるための道のり――つまりそれが国境を超えるということが意味するものです――に関して、暗闇の中にいたのです。事実、この医師はそれから何年もしないうちに、あまりにも多くの失敗と個人的ないざこざが原因となって、心理療法を廃業してしまいました。

二番目の治療では、国境の夢はその初日に、次の形式で繰り返されました。**彼女は国境の駅に辿り着きました。国境を越える場所を見つけなければなりません。暗闇にもかかわらず、その場所を示す小さ**

な光が遠くに見えます。けれどもそこに辿り着くためには、不吉なまでに真っ暗な森のある谷を通り抜けなければなりません。彼女は勇気を振り絞って、冒険に挑むことを決意します。しかし、森の中に立ち入るとすぐに、誰かが自分にしがみついてきたと感じます。彼女はそれが自分の分析家だと気がつきます。彼女は恐怖に戦きながら目を覚ましました。後にこの心理療法家も、本質的には先ほどの彼と同じ理由から、廃業することになりました。

そこで私は彼女にこう尋ねてみました。「私のところでも、すでにそれと似たような夢を見ているのではありませんか」。彼女は困ったような笑顔を見せて、次の夢を話してくれました。「私は国境の駅に辿り着いていました。人々が同じように国境を越えてスイスの税関に向かっていました。そこには税関の職員がいて、その人は乗客ひとりひとりを検査していました。私はハンドバック以外は何も持っていませんでした。自分の番が来ると、後ろめたさなど感じずに「関税の対象となるものは何も持っていません」と答えました。けれどその職員は私のハンドバックを指さして、「その中には何が入っているんですか」と言ってきました。本当にびっくりしてしまったのですが、彼は大きなマットレスをひとつ、さらに続いてもうひとつ、そこから取り出したんです」。彼女はここでぎょっとして眼を覚ましました。

そこで私はこう言ったのです。「結婚したいという小市民的な目論見のことを、あなたが隠しておきたかったというのは明らかです。あなたはそれについて、不愉快な不意打ちを食らったようなものだと、そう感じていたのですね」。この解釈が筋の通ったものだということは、患者には否定できませんでした。しかし彼女は、そんなことがあるはずないと、激しい抵抗を生み出したのです。その後に明らかになったことですが、こうした抵抗の背後には、まったく想像を絶するような性愛的経験に関する奇妙極まりないファンタジーが身を隠していました。それは、私がこれまでそうした可能性について見聞きしてきたどの内容にも勝る代物でした。私は理解する力を失ってしまったように感じました。ニンフォマニア的な狂気のことが、倒錯のことが、完全に変質し、無分別なまでに度を越した性愛性のことが、病理的で奇妙な性的ファンタジーのことが、そして潜在性統合失調症のことが頭を過りました。それまでの自分の経験の中で彼女のファンタジーとなんとか比肩しうる素材を見出してきたのは、そうしたものにおいてだったのです。私は患者のことを面倒で、好ましくない人物だと思うようになりました。そしてそのこと自体を不愉快に思っていました。そのようなことを土台にしてしまえば、何の成果も期待できないということはわかりきっていたからです。それから四週間ほど治療を続けた後、明白な行き詰まりの徴候が姿を現しました。夢が内容の乏しいものに、単調なものに、興味をひかれないものに、そして理解不能なものになっていったのです。私の心には何も浮かんでこず、彼女も同様でした。仕事は退屈なものに、疲れるものに、そして不毛なものになっていきました。どろどろのパン生地の中に埋もれたままになっているかのような気分がしてきました。余暇の時間でさえも、この事例のことが不愉快な形で私の心に引っかかるようになりはじめました。この事例が興味の持てないものに、そして苦労のしがいのないもののように思えてきました。それどころか、一度は短気を起こしたことさえありました。彼女が何の努力もしていないかのように思えたからです。「ここにはきっとすでに個人的な反応が紛れ込んでいるぞ」と私は考えました。そしてその日の晩、私はこのような夢を見たのです。私は険しく高い丘の麓の街道を散歩している。丘の上には、高い塔のある邸宅が建っている。いちばん高い尖塔の胸壁の上に、ひとりの女性が座っている。彼女のことを、夕日が黄金に輝かせている。彼女のことをちゃんと見るために、私は頭を首の位置まで仰向けに反らせなければならない。そのせいで、起きたときにはまだ痺れを感じていた。驚きを伴って気づかざるをえなかったのですが、この女性は私の患者でした。[2]

当初、私はこの夢にかなり困惑させられました。最初に心に浮かんできたのが、シェンケンバッハの「騎士の歌」の一節だったからです。その一節は、目を覚ましたばかりでぼんやりしていたときにはもう心に浮かんできていました。

「彼女はかの高みに座し、
如何なる祈りをも拒絶しない」

これは守護聖人、すなわち処女マリアへの懇願です。控えめに言っても、私は患者のことを下に見ていたというのに、夢は彼女を山の頂に置き、彼女は女神同然になっている。そう、私は理解しました。

翌日、私は患者にこう言いました。「私たちの仕事が擦り切れ、埋もれてしまっているということに、お気づきでしたか」。それを聞くと彼女はわっと泣き出して、こう言いました。「よくわかっていました。自分がいつも失敗する人間だということも、ちゃんとしたことは何もできない人間だということも知っています。先生が私の最後の希望だったのに、それでもやっぱりうまくいかないなんて」。私は彼女の言葉を妨げました。「今回はそうではありません。私はあなたに関する夢を見たんです」。そして私は彼女に夢のことを話しました。その結果として彼女の表面的な症状が、そして私に対する屁理屈が、いつでも自分が正しいという主張が、さらには気性の激しさが、姿を消したのです。ところがその代わりに、今度は彼女の真の神経症が始まりました。そしてそれらのことを私はまったく、そして根本的に理解できなかったのです。最初に、彼女は意味ありげで印象的な一連の夢を見ました。最大限努力しましたが、私にはそれらの夢が理解できませんでした。そして彼女はいくつかの症状を現すようになりましたが、その因果関係も、その構造も、その意味も、私にはまったく見当もつかないものでした。事のはじまりは詳しく説明することの難しい会陰部[ii]の興奮状態でした。これにはある夢が結びついていました。**それは一頭の白い象についての夢で、象は彼女の性器の中から姿を現しました。**患者にとってこの夢は、説明しがたいものであったにせよ、非常に意義深い体験でした。私にはこの夢のことがまったく理解できず、ただ次のような嫌な感じがしただけでした。「私が予想もしなかったような何かがここで起こっている。それが生じることに筋が通っているが、それでも私にはまったく予測のつかないと思えるところへ導くかもしれない何かが」と。

　その後すぐに子宮疾患の徴候が現れ、私は患者に専門家による診察を受けてもらいました。エンドウマメほどの大きさの炎症と膣部粘膜に軽微な腫れがあり、それらは数カ月間局所的な治療を受けても治癒せずに、時折場所を移すだけでした。

この症状は突然消失したのですが、今度は極度の膀胱過敏が発生しました。この症状のせいで、彼女は相談時間中に二度三度と部屋から出なければならなくなってしまいました。局所的には何も見つかりません。この症状は心理学的には、何かを「表に出さなければならない」[iii]ということを意味しています。そこで私は彼女に、自分の手が示唆するものを絵にして表現してみるという課題を与えたのです。彼女はそれまで絵を描いたことなどなかったので、疑いと躊いを感じながらそれに取りかかりました。するとシンメトリックな花が、彼女の手によって姿を現したのです。[3]それらは鮮烈な表現、生き生きとした色彩、そして象徴的な筆致で描かれていました。彼女は細心の注意を払って、そして私には敬虔なとしか言いようのない集中力をもって、これらの絵を仕上げていきました。

それを経て膀胱過敏は消失したのですが、その代わりに今度はより局所化された腸痙攣が現われたのです。腸痙攣は最初にグーグーという音を、そしてその後は本当に水が動く音をさせました。何度か猛烈な排泄も生じました。最初に結腸が、次に回腸が冒されました。最後は主に小腸上部だったのですが、それは音を生じさせました。数週間経つとこれらの症状は徐々に和らいでいったのですが、今度はその代わりに頭部に奇妙な感覚異常が姿を現したのです。患者は頭頂部の頭蓋骨が柔らかくなっていくかのような、泉門[iv]ができたかのような、そして長く鋭い嘴をもった鳥が泉門を通って横隔膜まで貫いたかのような感じを抱きました。

この事例は私の心にあまりにも重くのしかかっていました。そのため、私は患者にこう告げたのです。「私の治療を受けに来ても、何の意味もありません。あなたの夢の三分の一も理解できていないし、症状については言うまでもありません。おまけに、あなたの状態をどう扱えばいいのか、私にはさっぱりわからないのです」。彼女は驚いた表情で私の方を見て、こう言いました。「でも、うまくいっています。自分の夢を理解できなくてもかまいません。わけのわからない症状があるなんて、私にとってはいつものことです」

この風変わりなコメントから私は、彼女は神経症を肯定的な体験だと感じていると結論せざるをえませんでした。「肯定的」とは、彼女が自分の状態をどう感じていたかということについての、控えめでさえある表現でしょう。私には彼女の神経症が理解できませんでしたので、一連の不愉快な症状が、そしてそれに応じた一連の理解不能な夢が、なぜ直接的な体験という感触を彼女にもたらしているのかについても、何の説明も思い浮かびませんでした。空想を少々働かせてみれば、何かがあるというのは何もないということに比べればまだましだと想像することはできます。たとえそれが、少なくとも身体的症状の問題が生じるという点で、喜ばしくない性質の何かであったとしてもということです。けれども夢に関して言うと、やはりこう言わざるをえません。重要だと思える夢からなる、長いシリーズと出会うことはほとんどありませんでした。[v] 夢の意味は、私のもとを逃れてばかりだったのです。

この風変わりな事例について説明するためには、彼女の既往歴の中のこれまで触れてこなかったある地点に遡らなければなりません。患者は純血のヨーロッパ人ですが、ジャワ島の生まれだったのです。子どものころはマレー語を話していましたし、慣例通り彼女にもアヤー（現地人の子守）がついていました。就学義務のある年齢になったころ、彼女はヨーロッパへと渡り、その後は二度とインド諸島には戻っていません。彼女がマレー人だったころの子ども時代の世界は、取り戻すことのできない形で忘却の中へと沈んでいたので、彼女は記憶の中からすべてのマレー語を失ってしまっていました。夢の中にはよくインド的なモティーフの暗示が登場していました。時にはそれを私が理解できるということもありましたが、意味のある全体へと組み立てるまでには至りませんでした。

さて、泉門ができるという強迫観念が生じていたころ、私は一冊の英語の本を見つけました。それはタントラ・ヨーガの象徴性に関する詳細かつ信頼のおける最初の本で、アーサー・アヴァロンというペンネームで著述を行っていた、ジョン・ウッドロフ卿の『ヘビの力』という名の書物でした。[vi]同書は患者が私の治療を受けていた、ちょうどそのころに出版されたものです。そしてまったくもって驚いたことに、あの患者に関して私が理解できなかったありとあらゆることの説明が、この本の中には書かれていました。

おわかりいただけると思いますが、患者がこの本のことを以前から知っていたなどということはありえません。ではひょっとして、アヤーから多少の何かを小耳に挟んでいたのでしょうか。それもありそうにないことのように私には思えます。タントライズム、とりわけクンダリニー・ヨーガは南インドのきわめて限られた地域の哲学的宗派であり、比較的少数の信奉者しかいないものなのですから。さらに言うと、ここで問題となっている非常に複雑な象徴システムは、この宗派に入信するか、あるいは少なくともこの分野に関する特別な研究を行うのでもなければ、誰にも知られることも、理解されることもないものなのです。タントライズムは西洋のスコラ哲学に相当します。ジャワ島人のアヤーが五歳の子どもにチャクラの教義についてかみ砕いて教えたなどという仮説を立てるのは、ヨーロッパ人に当てはめて言うと、たとえばボヘミア人の子守が預けられた子どもに聖トマスの神学汎論やアベラールの説法について教えたと言っているのと同じことです。そのようなことが実際に生じた可能性がきわめて低いということは明らかでしょう。もし仮にこの子がチャクラ・システムについて初歩程度のことは吸収していたのだとしても、その教義が本稿の事例の症候論を少なくとも象徴的に解明するものだという事実は残ります。

六つ、ないしは七つのセンター、いわゆるチャクラ、あるいはパドマ（蓮）があるとこの教義は言います。それらはほとんど明確なまでに体の部位に位置づけられています。これは一種の心的な位置づけであり、少なくともより上部にあるものは歴史的に意識の座とされてきた位置と一致するものです。一番底にあるチャクラは会陰部の蓮（ムラーダーラ）[vii]です。これはフロイトの性理論における総排泄腔に相当します。[viii]このセンターは他のチャクラと同様に花のような円形の形で表されており、当該の位置づけが有する心的性質を象徴的に表現するさまざまな目印で飾られています。会陰部のチャクラには主要な象徴として聖なる象が含まれています。次の位置づけは膀胱および性的なセンター（スヴァディシュターナ）です。その主要な象徴は海としての水、および女性原理としての三日月です。海にはその象徴として、貪り食う怪物、いわゆるマカラが添えられています。マカラは聖書、およびカバラのレヴィアタンに相当します。周知のとおり、この神話上の海竜は貪り食い、また再生をもたらす子宮です。その意味ではこれまた当然ながら意識と無意識との間の何らかの相互行為の象徴なのですが、ここではその関係性について詳しく立ち入って論じることはできません。私は膀胱の症状、および膣内の炎症箇所と、この第二のチャクラの象徴性には関連があると思います。さらに言うと、炎症はその形式において丸いチャクラを表現しています。その後すぐに、象徴的な花の絵までもが患者のもとに姿を現しましたが、それらはチャクラに基づく象徴内容と完全に一致するものです。第三のセンターは太陽神経叢（マニプーラ）に相当します。すでに見たとおり、お腹の音は徐々に上方にある小腸へと近づいていきました。この第三の蓮は際立って情動的なセンターであり、最初に明らかになる意識の位置づけです。いまでも腹で考えるという黒人部族の人々がいます。言葉にもこの痕跡は残っています。「胃が重い」とか、「腹の虫の居所が悪い」などといった言い方のことです[ix]。怒りが黄疸のきっかけとなることさえあります。そのすぐ隣にある横隔膜は、ホメロスにおいても心情や分別の座でした（フレーネス）[4]。

これらのチャクラを通って、ヘビの形をした女性的なイメージの力、いわゆるクンダリニーが、それまで眠っていた会陰部のセンターから上へと登っていき、それぞれに固有の象徴を活性化させることによって次々にセンターを呼び覚ましていくというのがタントリズムの考えです。この女性的な創造の力はマハーデヴィ・シャクティとして人格化されています。彼女はイメージのもとであるマーヤーを用いて存在をもたらす者です。

患者のもとで、クンダリニーがマニプーラ、すなわち情動のセンターに辿り着き、上方から想像上の鳥がその鋭い嘴を横隔膜まで貫いたとき、突如として激しい情動の嵐が生じました。鳥が彼女に、簡単には受け入れようとは思わない、そして受け入れられない、ある考えを吹き込んだのです。彼女は治療から立ち去ってしまいました。そのため私はごく稀にしか彼女に会うことがなくなってしまいましたが、彼女が何かを隠していたということには、はっきりと気がついていました。一年後にやってきたのが、次の告白でした。子どもが欲しいという考えで心がいっぱいになっていたというのです。この俗人的な考えは彼女のこころの経験の性質にはまったく見合わないものであり、それが登場したときには私にもわかるほどの破壊的な影響をもたらしていました。

クンダリニーが第一の、そしてもっともプリミティヴな意識の位置づけへと登ってきたとき、シャクティが内蔵しているのがどのような思考なのかを、そして女神がこころの経験だけではなく、平凡にも（と患者には思えたのです）肉体的な意味での子どもを欲しているということを、患者の頭脳は彼女に伝えてきました。これがシャクティの困惑させられるところです。シャクティの素材はマーヤー、すなわち「現実的幻想」であり、つまりシャクティとは現実を用いてファンタジーを生み出していくものなのです。このタントラ哲学のわずかな一片が、彼女がかつて乳母のミルクと一緒に吸い込んでしまった不気味な形而上学的経験形式の霧から、女性としての、そして母親としての普通の人間的存在を生み出すことの助けとなってくれました。そしてその際に、東洋の直接的影響を通じて命を吹き込まれた、こころの空間の人物像とのつながりが失われることもなかったのです。彼女が子どものころに経験したこと、そして後に彼女をヨーロッパ的な意識の生から引き離し、神経症の中へと巻き込んだもの。それらは分析的プロセスの経験を通じて霞となるのではなく、持続的な精神的価値へと変化し、それゆえに夫と、子どもたちと、そして主婦の仕事と共にある、普通の人間的存在もまた価値あるものとなったのです。

紳士淑女のみなさん。

これは通常とは言えない事例ですが、例外というわけではありません。この事例の利点は、私なりの心理療法の取り組み方に関する考えを、少なくとも漠然とした形でみなさんに伝えられる可能性を与えてくれたという点にあります。これはけっして大成功の物語などではありません。むしろ躓き、躊躇い、疑い、暗闇の中での手探り、誤り、そしてしくじりのサーガですが、最後には好ましい変化のサーガとなりました。私の心理療法実践の真実と現実に近いのは、あらかじめ用意された学説や治療計画を見事に証明してくれるような事例よりも、こういったものの方なのです。残念ながら私の描写に欠陥や不完全さがあるということは、みなさんと同じく私自身も感じています。述べられないままとなってしまったさらなる道のりについては、みなさんの想像力が補ってくれるものと信じています。相互的な無知は相互的な無意識性を意味し、それゆえ無意識的な同一化状態を意味するということをいま一度思い起こしていただければ、ここでは東洋の心理に関する無知が、医師を人間的な意味でさらに分析的プロセスの中へと引き込んでいったのだということを、見落とされることはないでしょう。このことはついには強制的な関与にまで至りましたが、こうした場合、それはけっして失策などではなく、運命が仕向けた必然性なのです。個々の事例においてそれが何を意味するかをみなさんに伝えてくれるのは、みなさん自身の経験だけです。その人自身でさえも自らの秘密の大きさゆえに完全に見渡すことのできない何かについては、説得を試みたり、それを踏みにじったりしないというのが自然な畏敬の念というものです。心理療法家たる者、みながこの畏敬の念を持ち合わせていなければ困ります。患者のもとでまったく異質な何かが有する秘密を前にしたときには、適切な時点で引き下がり、治療という名のこころの殺害という、残念ながらあまりにも身近にあるあの危険を犯してしまわないようにしてくれるのは、この畏敬の念なのです。ひとつの神経症の土台や原因を形成するものとは、患者にとっては保持しておかれるべき肯定的な何かです。もしもそれが失われてしまったならば、患者は治療を通じてこころの喪失に陥り、治療の結果は欠陥つきの治癒となるのがせいぜいのところでしょう。この患者が異国の地で生まれ、子ども時代の非常に重要な年月をインド的な影響のもとで過ごしたという事実を、彼女の生から外して考えることはできません。神経症患者の幼児期の経験そのものは、けっして否定的なものなどではありません。大人になってからのものの見方や生の形式が、それに適切な扱いを与えていないというだけのことです。治療の本当の課題とは、この統合を可能にすることであるように、私には思えます。

超越機能

序文

この論文が成立したのは一九一六年のことである。最近になってそれがC・G・ユング研究所の学生たち[i]の手で発見され、英語に翻訳されたものではあったが、私費出版という形でその最初の暫定版が出版されることになった。思考の過程、および避けようがなかった考察範囲の限界は守りつつも、印刷可能な形になるよう、私は様式面で原稿に改訂を施した。四二年が経ったいまも、この問題は現在性を失っていない。とは言え、このテーマに関する専門家であればすぐに気がつかれるとおり、その記述に関して、今日では多くの補足が必要だというのは確かである。残念ながら高齢のため、私にはこのような大変な苦労を引き受けることができない。だから私は、本稿が完成稿のあらゆる不完全さを伴いつつも、歴史的文書として残るものであってくれれば、それでよいと考えている。また、本稿が理解という大変な作業について、何かしらのことを伝えてくれるものであってほしいとも思う。

治療のプロセスの中で生じる心的な出来事を総合的に把握する最初の試みには、この大変な作業が欠かせなかったのだ。少なくとも本稿の根本的な構想は今日もなお重要なものなので、本稿が読者にこうした問題に関するより広く、より深い理解を提供してくれるものであればと思っている。そして、この問題は次の普遍的な問いと同一のものなのではないだろうか。実際にどうやって無意識に取り組んでいくのか、と。

これはインドの哲学、とりわけ仏教および禅の哲学が立てている問いである。しかし間接的には、それはおよそあらゆる宗教や哲学が持つ、実際的で根本的な問いなのだ。

無意識とは単にどうこうと言えるようなものではなく、私たちに直接的に影響を及ぼしてくる、未知なるものである。無意識は私たちには心的なもののように思えるが、その真の性質は物質の性質と同じくらい確認されていない――もしくは楽観的に表現するとしても、それと同じ分だけが確認されている。物理学がその命題のモデルとなる性質のことをはっきりと自覚しているのに対して、宗教哲学はその観念を形而上学的に表現し、それについて仮説を立てていく。心理学的命題を理解できないのはいまだに後者の観点に立つ人だ。このような人は心理学的命題のことを形而上学的だ、あるいは唯物論的だなどと言って責め立てる――もしくはグノーシス主義とまでは言わないまでも不可知論的だ、などと。そのため、いまだに中世的な批判を行うこうした人たちによって、私はあるときは神秘主義者でグノーシス主義者だと、またあるときには無神論者だとして非難されてきた。このような誤解は何よりもまず理解の困難のためだと、はっきりと言っておかなければならない。ここで問題となっているのは、認識批判に関して無知であり、それゆえ素朴にも神話とは歴史的な真実に違いないか、あるいはそうではないならばまったく無意味なものと見なしてしまうような、教養の不足なのである。このような人たちにしてみれば、心理学的状況に関して神話的な命題や民俗学的な命題を用いるなどということは、まったくもって「非科学的」なことなのだ。

　このような先入観を持っていると、無意識の心理学の入り口が塞がれ、そしてそれによって内的人間のさらなる発達への道も塞がれてしまうことになる。この内的人間の知的な、そしてモラル面での失敗こそが、現代が苦痛を伴って発見したもののひとつである。何か言わずにはいられない人はみな「〜するべきなのに」とか「〜しなければならないのに」などと語るが、それによってどれだけ無様に自らの無力さを白状してしまっているかということには気がつかない。その人が勧めるあらゆる手段は、失敗に終わった手段とまったく同じものなのだ。より深く理解したところで言うならば、心理学とは自己認識である。ところが、自己認識とは写真に撮ったり、数を数えたり、測量したり測定したりできるようなものではない。その意味では非科学的なものだ。しかし、科学を営んでいる当の本人である、まったく未知なる心的人間もまた「非科学的」だと、それゆえにこれ以上の研究にはふさわしくないとでも言うのだろうか。神話が心的人間の特徴ではないなどと言うのであれば、ハタオリドリの巣やナイチンゲールの囀りのことも否定しなければならないはずだ。次のように推測する十分な根拠が存在している。人間には全般的に自分自身の存在を超えた何かについて知ることに対する根強い嫌悪が存在するのだ。そしてあらゆる外的な進歩に比べて、それに応じた内的な発達や改善が生じてこなかったことの本当の理由は、その点に求められるのである。

英訳版著作集のための補足

「アクティヴ・イマジネーション」という方法は、言わば意識の閾の下にあり、強化された際にはいともたやすく自発的に意識の中へと侵入することになる無意識の内容を形にするための、もっとも重要な補助手段である。したがってこの方法には危険があり、医師によるコントロールを欠いた状況であれば、なるべくならば施行しない方がよい。小さな方の危険は、その手続きが容易にフロイトのいわゆる「自由連想」へと変わってしまい、それによって無益なものに留まってしまうということだ。そのようなことになれば、すでに逃れることができなくなっている自分自身のコンプレクスの不毛な循環の中に、患者が囚われてしまうことになる。さらなる、そしてそれ自体では害がないはずのリスクは、本物の内容が生み出されているというのは確かだが、患者がそれにもっぱら美的な関心しか示さず、結果としてすっかり幻影の中にはまりこんでしまうということだ。当然ながらそんなことになれば、達成されるものなど何もなくなってしまう。このようなファンタジーの意味と価値は、それらがパーソナリティ全体の中に統合されたときに、つまりその意味に即して、そしてモラル面でもこうしたファンタジーと対決するときに、はじめて明らかになるものなのである。

最後の第三の危険は――そしてこの危険は場合によっては非常に憂慮すべき事態となるのだが――高度なエネルギー量を閾下の内容がすでに備えていて、アクティヴ・イマジネーションによって出口を開かれれば、それが意識を圧倒し、パーソナリティを手中に収めてしまうということにある。それによって――少なくとも一時的には――統合失調症と区別できないような状態が発生したり、それどころか本態性の精神病的な期間となることもあるのだ。したがって、この方法はけっして子どものための遊び道具などではない。一般的に優勢な無意識の過小評価は、この方法の危険性に大いに寄与してしまっている。ただし別の側面から見てみれば、この方法は計り知れないほど重要な心理療法の補助手段なのである。

キュスナハト、一九五九年九月　C・G・ユング

超越機能という名のもとで理解されるべきなのは、謎めいた何か、言わば超感覚的な何かとか形而上学的な何かなどといったものではなく、ひとつの心理学的機能である。この心理学的機能はその性質から言って同じ名を持つ数学的関数[ii]（超越関数）と比較可能なもの、虚数と実数の関数のようなもののことである。心理学的な「超越機能」は意識的内容と無意識的内容の結合から生じる。

分析心理学に従事する者みなが経験から十分に学んできたのは、意識と無意識は内容や傾向に関してめったに一致することがないということだった。経験が教えるとおり、この平行性の欠如は偶然によるものでも出鱈目なものでもなく、無意識が意識に対して補償的に、あるいは補完的に振る舞うということに起因するものである。これを逆さまに定式化して、意識は無意識に対して補償的に振る舞

うものだと言うこともできる。このような関係性が生じるのは以下の事情からである。一、意識内容には閾値があり、それゆえ微弱すぎる要素はすべて無意識の中に留まる。二、意識は方向性を持つその機能によって、相応しくない素材すべてに対して制止（フロイトが検閲と呼んだもの）を加える。それによって、この相応しくない素材はすべて無意識の手中に陥る。三、意識はそのときの適応プロセスを形成する。その一方、無意識は個人の過去の忘れ去られた素材のすべて、さらには人間精神の生得的かつ構造的な機能の痕跡のすべてを含んでいる。四、無意識はまだ閾値を超えていないあらゆるファンタジーの混成物を含んでいる。それらは相応の状況下であれば、やがて意識の中にその姿を現すことになる。

こういったことの組み合わせから、意識に対する無意識の補償的態度が自ずと生じてくるのである。意識内容の確実性と方向性は、系統発生において遅ればせながらようやく獲得されたばかりの特性であり、たとえば今日でもプリミティヴな人々にあってはこのことが非常に欠けている。同様に、この特性は神経症の人々にあってもさまざまな形で破綻している。神経症の人の場合、意識の閾は遷移可能である。別の言葉で言うと、意識と無意識の隔壁の透過性がより高い。神経症の人はこのことによって正常な人と区別される。ましてや精神病の人ともなれば、完全に無意識の直接的な影響のもとにある。

意識の確実性と方向性は非常に重要な達成物であり、それらを手にするために人類は大変な犠牲を払ってきた。一方で、それらは人類の側から見ても大いに有用なものだった。意識の確実性と方向性を抜きにしては、科学も、技術も、文明もまったく実現不可能だったはずである。これらはみな心的プロセスの信頼できる持続性、規則性、目的指向性をその前提として必要とするものばかりだからだ。高級官僚、医師、あるいはエンジニアから日雇い労働者に至るまで、この特性を欠くことのできない前提として必要としている。一般的に言えば、無意識によってこうした特性が効力を失えば失うほど、社会的価値は減じていくことになる。もちろんこのことにも例外がある。すなわち、創造的天才のことだ。こうした人たちは、まさにこの意識と無意識の間の隔壁の透過性にこそ利点を見出していく。しかし、まさに規則性と信頼性を要求するものである社会的組織にとっては、例外的人間とは概してあまり役に立つ存在ではない。

つまり、個々の事例において心的プロセスが可能なかぎり固定的で一定のものだというのは、単に理解可能だというだけではなく、必要なことでもあるのだ。生きる上で必要な物事が、それを要求しているのである。しかし、こうした特性が持つ利点には大いなる欠点も結びついている。方向性があるという事実には、その人が持つ心的要素のうち一見したところ、あるいは実際にその方向性に相応しくないもの、またはあらかじめ示されていた方向を勝手に捻じ曲げたり、プロセスを思いがけない目的地まで導いたりするのに適したもの、そういったあらゆる要素の制止、あるいは排除を含んでいるということだ。しかし何をもって、並行する心的素材は「相応しくない」と認識されるのだろうか。このような認識はあらかじめ選ばれ、また望まれた道筋の方向性を固定する、判断行為に基づくものである。そしてこの判断は公平なものではなく、先入観を含んでいる。つまり、他のすべての可能性を犠牲にして、何かひとつを選んでいくものなのである。判断とはいつでもその人の経験から、すなわち既知のものとしてすでに存在する何かから生まれてくる。つまり概して言えば、いまは未知のものだが、一定の状況下であれば方向性を持つプロセスをずっと豊かにしてくれるかもしれない、新たな何かに基づいて判断がなされるなどといったことは起こらないのだ。無意識的内容が意識へと到達できないかぎり、当然ながら判断はそれらを基盤とすることができないのである。

こうした判断行為によって、方向性を持つプロセスは必然的に一面的なものとなる。たとえ合理的な判断というものが多面的で、一見したところでは先入観に捉われていないもののように思えたとしてもそうなのだ。それればかりか、判断の合理性とは結局のところひとつの偏見なのかもしれない。理性的なものとは私たちに理性的に見えるもののことだからだ。理性的ではないと私たちには思えるものは、その非合理的な特徴のせいで排除されてしまう。それは実際に非合理的なものなのかもしれない。しかし、非合理的なもののように見えるだけで、より高次の意味においてはそうではない場合であっても、事情は同じなのである。

方向性を持つプロセスの必然的な特性ゆえに、一面性を避けることはできない。すなわち、方向性とは一面的なものなのだ。一面性は利点でもあるが、それと同時に欠点でもある。うわべ上は認識可能な欠点が何も存在しないように見える場合であっても、無意識の中には必ずはっきりとした反対の立場が存在している。あらゆる心的構成要素が同一の方向性に向けて完全に一致するような、まさに理想に近い場合であればこれには当てはまらないが、そのような可能性は理論的には反論不能なものであっても、実際にはおそらく非常に稀なものと言っていいだろう。より高次のエネルギー値を示すようなことにならないかぎり、無意識の中の反対の立場は害にならない。しかし、過度の一面性の結果として対立の緊張が増すと、反対傾向が意識の中へと突破してくることになる。さらに言うと、方向性を持つプロセスを遂行することが何にもまして重要となる、そうした瞬間にこそ概してそうなってしまうものなのである。演説の最中で絶対に馬鹿なことを言ってはならない、まさにそのときに限って言い間違いをしてしまうのはそのためだ。したがって、この瞬間は危険なのである。すでに無意識の荷電が存在している場合であれば容易にフラッシュオーバーし、無意識的内容を解放してしまうような、大変なエネルギー的緊張を示すものだからだ。

私たちの文明化された生は集中的で方向性を持つ意識の働きを必要とするものであり、それに伴って無意識からすっかり切り離されてしまうというリスクを布置してしまう。しかし、方向性を持って機能することで無意識から離れることが可能になればなるほど、その分だけ突破した際には好ましくない結果をもたらしかねない、強力な反対の立場が成立してしまうのである。

分析的治療を通じて、無意識の影響力の重要性は私たちに強い印象を与えてきた。また、いわゆる治療終結後に無意識が排除、または廃絶されるなどと期待するのは賢明ではないと理解することで、私たちは実際の生に関してじつに多くのことを学んだ。こうしたことをぼんやりとでも認識しているからこそ、患者も医師も依存感情を煩わしく不都合なものだと感じているというのに、多くの患者が分析を手放すことを決心できなかったり、あるいは大変な苦労の末にようやくそれを決心するのである。思い切ってそれを試みること、そして自立することをまさに恐れるという人も少なくない。それは無意識が一見したところでは予測不可能な方法で、自らの生の中に繰り返し厄介な形で干渉してくるかもしれないということを、経験上知っているからなのである。

以前であれば、たとえば自分の夢を理解できるまでに実践的な自己認識を十分身につけたならば、患者は正常な生を開始する準備が整ったのだと考えられていた。しかし経験が教えてくれたのは、夢解釈に精通していると期待してよいはずの医師である分析家であっても、自らの夢に対してはお手上げということも多く、同業者の手を煩わさねばならなくなるということだった。専門家としてこの方法に精通していると称している人でさえ、自らの夢を満足に解釈することができないのが明らかであるならば、患者にそれを期待することなどますます不可能なはずだ。無意識を汲み尽くすことができるというフロイトの希望は叶えられなかった。夢という生、そして無意識の侵入は――必要に応じて変化するとは言え――依然として続いているのである。

分析のことを、しばらくの間じっと我慢していれば治癒して退院となる「ケア」のようなものと理解するという先入観が一般に広まっている。これは精神分析の初期のころから続く、非専門的な間違いだ。確かに分析的治療とは、医師の助けによって施される心理学的態度の新たな調整と見なしてよいものかもしれない。そしてもちろん、こうして新たに獲得された、内的および外的条件により見合った態度が、当分の間は持続するということはありうる。しかし、一度限りの「ケア」がこのような持続的効果を有するなどということはほとんどない。誰もが知るとおりいつの時代にあっても喧伝を惜しむことのなかった医師の楽観主義は、いつでも決定的な治癒について報告する術《すべ》を心得ているものなのだ。臨床家が人間的、あまりにも人間的な存在だということに啞然とさせられる必要などないが、無意識という生がつづいているということ、そして繰り返し問題含みの状況を発生させるという事実は、常にはっきりと認識していなければならない。悲観的になる必要はない。幸運、および徹底的な仕事によって獲得された良質の成果を、私たちは数多く見てきたのだから。しかしそのことは、分析とは一回限りの「ケア」などではなく、さしあたっては程度の差こそあれ徹底的な新たな調整にすぎないという事実にしっかりと心を配ることの妨げにはならない。無条件かつ長期的展望から見ても有効な変化などというものはけっして存在しない。生とはたえず新たに獲得されつづけるものなのだ。典型的な葛藤解決を可能にするような、相当に持続性のある集合的態度というものは確かに存在する。ひとつの集合的態度とはそれ以外の生の条件と同じように個人に影響を及ぼし、それによって摩擦を起こすことなく個人を社会の中にはめ込んでくれるものだというのも確かである。しかし、生きていく力を持つものとしてパーソナリティの全体性を保たせようというのであれば、その人の個別的な事象を摩擦を起こすことなく典型的規範の中にはめ込んでいくという点ではなく、個別的な葛藤解決が必要となるという点にこそ、患者の抱える困難があるのだ。この課題を正しく扱うことのできる合理的解決は存在しない。そして損害を与えることなく、個別的な解決の代わりになってくれるような集合的規範などというものも存在しないのである。

分析の中で獲得された新たな態度は、遅かれ早かれ何らかの点で不十分なものになるのが常である。

より正確に言えば、常に新たな適応を求める生の絶え間ない流れゆえに、必然的にそうなるものなのだ。すなわち、一度限りで達成される適応などというものは存在しないのである。治療方法と言うからには、後の生においても新たな方向づけが難なく達成できるようになるものでなければならないと主張することはもちろん可能だろう。経験が教えるとおり、これもある程度まではそのとおりだ。徹底的な分析を経た患者であれば、後になってからの新たな調整に際しても明らかにあまり困難を経験しないということも多い。とは言っても、こうした困難はかなり頻繁に生じるものであり、それが相当に厄介なものとなる場合もある。だからこそ、徹底的な治療を経験した患者が後になってから助けを求めて、以前の主治医のもとに再び相談にやってくるという事態がよく生じるのである。このことは医師による診療一般と比較してもそれほど奇妙とは言えないが、誤った形で持ち出されている治療への熱狂だけではなく、分析とは一度限りの「ケア」だという見解も訂正してくれるはずだ。よくよく考えてみれば、あらゆる困難を片づけてしまう治療が存在するなどというのは、まったくありえそうにないことでもある。人間には困難が必要であり、困難は人間の健康の一部なのだ。ただ単に、それが過剰になりそうかどうかという、不適切さの程度の問題にすぎないのである。

治療の根本的問題とは、どうすれば目下の困難を処理できるかということだけではなく、どうすれば将来の困難にうまく対応できるかということでもある。障害となる無意識の影響に対してどのような精神的－モラル的態度が必要なのか、どうすればそれを患者に仲介できるかが問題なのだ。

明らかにその答えは、意識と無意識との間の分断を解消するということである。意識的態度によって無意識の内容を一面的に非としてしまったのでは、このことは生じない。むしろ反対に、それは意識の一面性の補償という点での無意識の意義が認識され、考慮されることによって生じるものなのである。つまり無意識の傾向と意識の傾向とは、超越機能を共に構成する二つの要素なのだ。この機能が超越的と呼ばれるのは、それがひとつの態度から別の態度への移行を有機的に可能にするからである。有機的にとは、無意識を損なわずにということだ。建設的方法は意識的認識をその前提とするが、この認識は患者の側にも少なくとも潜在的には存在しているもの、それゆえ意識化可能なものである。医師がこの可能性について何も知らなければ、これに関することは何も患者から発展させられなくなる。この問題のために医師と患者が共同で本来の意味での研究を行うというのなら話は別だが、概して言えばそのようなことはまずありえない話だろう。

　そのため臨床においては、これに関する基礎を身につけた医師が患者に超越機能を仲介する。つまり意識と無意識を並置させ、それによって新たな態度に達するよう、医師が患者を助けるのである。転移が持つさまざまな意味のうちのひとつは、医師のこうした機能の中に含まれている。すなわち患者は転移によって、態度を新たなものにすると請け負ってくれると思しき人にしがみついているのだ。たとえそのことを意識していなかったとしても、患者は転移によってどうしても自分に必要な変化へと辿り着こうとしているのである。それゆえ医師は患者にとってなくてはならない、そして生に絶対に必要な人物像という特徴を帯びることになる。このような依存関係は幼児的なもののように思われるかもしれないが、その中には非常に重要な期待が表現されている。そしてそれが期待外れとなれば、医師は激しい憎しみをもって報いられる場合が多い。だからこそ、転移の中に隠されたこの期待とはいったい何なのかを知るということが大切なのである。このような要求は性愛的な幼児的ファンタジーという意味で、ただ単に還元的に理解されがちだ。しかしそれでは、概して言えば両親と関連するこうしたファンタジーは文字通りのものとして受け取られることになってしまう。かつて子どものころに両親に求めていたのと同じような期待を、あたかも患者、もしくは患者の無意識が実際にもう一度、あるいはいまだに抱いているとでも言うかのようにして。傍から見れば、それは子どもが両親の助けや守りに関連して抱く期待と同じようなものに思えるだろう。しかし、子どもはそうこうする間に子どもから大人になっている。子どものころであれば正常だったことは、大人になると比喩的なものになる。窮地においてそれが、意識の中では理解されていない助けの必要性のメタファー的表現になっているのである。転移の性愛的特徴を幼児期のエロスに遡って説明するというのは、生育史的に見れば確かに正しい。しかし、それでは転移の目的と意味は理解されることなく、幼児的‐性的ファンタジーとしての解釈では真の問題から遠ざかってしまうことになる。転移の理解は生育史的前提ではなく、その目的の中に求めなければならない。患者の抵抗の増大以外には何も新たなものが生まれない場合、一面的で還元的な解釈は特に理に反したものとなる。この場合、治療の中に退屈さが生まれる。これは——往々にしてそう推測されるように無意識のというよりも、こうしたファンタジーはただ単に具体主義的‐還元的に理解すべきものではなく、むしろ建設的に解すべきものだということを理解していない分析家の——単調さとアイディアの乏しさの表れに他ならない。建設的な洞察によって停滞している状況が一変することも多いのである。

私が超越機能と呼んでいるプロセスへの洞察の基礎は、無意識を建設的に扱うことによって、すなわち意味と目的を問うことによって築かれる。

建設的方法とは暗示のことだというよく聞かれる異論について、ここでコメントを挟んでおくことは無駄ではないだろう。この方法は象徴（すなわち夢のイメージやファンタジー）を言わば記号として、根源的な欲動過程に関連づけて記号論的に評価するのではなく、本当の意味で象徴的に評価するということから成り立っている。この場合、「象徴」は複雑かつ意識によってまだ明確には把握されていない事態を、可能なかぎり描写する表現と理解されることになる。こうした表現を分析的に解明してみても、もともとそれを構成していた根源的要素が明らかになるだけで、それ以上のことは何も得られない。こういった要素に関する洞察が増すことには一定の利点もあるというのは否認されるべきことではない。しかし、それでは目的という問いは素通りされてしまうことになる。したがって分析のこの段階では、象徴の解明は望ましいことではない。もちろん、象徴によって暗示される意味を浮かび上がらせるための方法は、さしあたり分析的に解明する際と同じものだ。すなわち患者の心に浮かんだことを集めていくのである。それどころか概して言えば、患者の心に浮かんだこれらの物事は十分に総合的に用いることのできるものなのだ。ただし、心に浮かんだことをこのように利用するというのもまた、記号論的な観点ではなく、象徴的な観点からなされなければならない。その問いはこのようなものになる。心に浮かんできたA、B、Cといった物事は、夢の顕在内容と共に眺めてみたときに、どのような意味を指し示すものなのだろうか。

ある独身女性の患者が次のような夢を見た。**古墳から発掘された装飾つきの豪華な古代の剣を、誰かが彼女に手渡す。**

患者の心に浮かんできたこと

父親の刀。父親は彼女の目の前で一度その刀を陽の光で輝かせて見せたことがあり、そのことは彼女に特に強い印象を残していた。彼女の父親はあらゆる点で精力的で意志の強い男性であり、激しい気性の持ち主で、恋愛関係においても波瀾万丈であった。ケルトの銅剣。この患者はケルトの家系であることを誇りに感じている。ケルト人は気性が荒く、激しく、情熱的だ。装飾は不思議な見た目をしている。古き伝統、ルーン文字、古き英知の記号、古代文化、墳墓から再び陽の光のもとへもたらされた人類の遺産。

分析的解釈

患者はまぎれもない父親コンプレクスと、早くに亡くなった父親に関して張りめぐらされた、おびただしい性愛的ファンタジーの網を有している。彼女はいつでも母親の味方であり、父親

建設的解釈

まるで患者がこのような武器を必要としているかのようだ。彼女の父親はその武器を手にしていた。父親は精力的で、それに見合った生き方をし、自らの気性ゆえの困難を自分自身で引

に対してはもちろん強い抵抗を示していた。父親に似た男性はまったく受け入れることができず、それゆえに彼女が選ぶのは不本意ながら気弱で神経症的な男たちだった。分析においても医師－父親に対する抵抗が頻繁に示される。夢は彼女に父親の「武器」に関する願望を掘り出してきたのである。先取りして理論的に言えば、これは明らかにファルスのファンタジーだということになるだろう。

き受けた。それゆえ、確かに彼は波乱万丈の生涯を情熱的に生きたが、神経症的ではなかった。この武器は人類の古代遺産である。この遺産は患者の中に埋葬されたままになっていたが、発掘作業（分析）によって陽の当たるところへと姿を現した。武器は洞察、知恵と関連がある。武器は攻撃と防御の手段である。父親の武器とは情熱的かつ不屈の意志であり、彼はそれをもって生涯を通じて自らの道を切り開いていった。この患者はこれまであらゆる点でそれとは正反対であった。彼女はまさにいま、人には意思を持つことが可能であり、それまでずっとそう考えてきたように単に流されていればいいというわけではないということを理解すべき地点にいる。人類の古代遺産とは、生に関わる知恵と洞察に基づく意志である。これは彼女の中にもあったのに、それまでは埋葬されていた。彼女はこの点に関して言っても父の娘だったが、甘やかされて育ったことと幼稚で泣き虫な性格ゆえに、いままでその価値を認めてこなかった。彼女は極度に受身的な性的ファンタジーに耽ってばかりだった。

この事例では、医師の側から補足となるアナロジーをさらに提供する必要はなかった。患者の連想が必要なものすべてをもたらしてくれたのである。夢をこのように扱うことに対しては、暗示だとの異論が申し立てられるかもしれない。しかし、その際に完全に忘れられてしまっていることがある。内的な準備が整っていない暗示はけっして受け入れられないか、あるいはもしも強引に受け入れさせたとしてもすぐにまた消失してしまうということだ。長きにわたって受け入れられる暗示はきまって強力な心理的準備に合致するものであり、それがいわゆる暗示によって単に作動させられたにすぎないのである。つまり、こうした異論は思慮を欠いたものであり、暗示に魔術的な力があると信じ込んでしまっているのだ。暗示にそのような力などない。もしもそんな力があるのなら、暗示療法には途方もないほどの効果があるはずであり、精神分析的な手続きは完全に無用ということになっていなければおかしい。しかし、実際にはまったくそんなことはない。さらに言うと暗示だという異論は、患者の心に浮かんできた物事そのものが剣の文化的意味を指し示しているということも見落としてしまっているのである。

さて、寄り道を終えて超越機能の問題へと戻ろう。超越機能とは本質的に言って医師の助けをその支えとするものであり、それゆえ治療において言わば人為的なものとして誘発されるのだと考えられる。しかし、自立できるようになるためには、患者はいつまでも他人の助けを当てにするというわけにはいかないはずだ。夢の解釈は確かに理想的なもの、すなわち無意識のデータと意識のデータを総合する理想的手段だろう。しかし、自分自身の夢を分析するというのは、実際にはあまりにも困難なことでもある。

超越機能を確立するためには無意識のデータが必要となる。これに関して言うと、さしあたりもっとも入手しやすい無意識的プロセスの表現の役を買って出てくれるのが夢である。夢は言わば無意識の純粋な産物なのだ。意識化のプロセスで変更を被っているのは明らかだが、このプロセスもまた無意識に由来するものであり、意図的な歪曲の類ではない。そのためこうした変更のことは度外視してよい。もともとの夢のイメージに加わった可能性のある変更とは、無意識の表層にずっと近いところに由来するものであり、それゆえ有用な無意識的素材から成り立っているのである。それは夢の意味における二次的創作物なのだ。このことは、半ば微睡んでいるときや、起きてすぐのときに「勝手に浮かんでくる」ようにして現われることの多い事後的表象にも当てはまる。夢は睡眠から生じるものであり、それゆえ「心的水準の低下」（ジャネ）そのもの、すなわちエネルギー的緊張がわずかだということのあらゆる指標を備えている。論理的な非連続性、断片性、アナロジーによる造語、言語的、語音的、イメージ的な性質の表面的な連合、混合、表現の非合理性、支離滅裂さなどといったことだ。エネルギー的緊張が強められると、夢はまとまりのある特徴を有するようになる。すなわち、夢が劇的に構成され、明確な意味のつながりを示し、夢に関する連想の価値を高めていくのである。

睡眠時のエネルギー的緊張は概してごくわずかであり、そのため意識的内容と比べて言えば、夢もまた建設的観点では理解するのが非常に難しく、還元的観点ならばたいていはより簡単に理解できてしまう、無意識内容の粗悪な表現ということになってしまう。たいていの場合、夢は主体に高度な要求を行うものであり、それゆえ超越機能に関して言うと一般に不向きな、あるいは利用するのが難しい素材なのである。

だとすれば、私たちは別の源泉を探していかなければならない。たとえば、目が覚めた状態での無意識的干渉、いわゆる「自由に心に浮かんでくること」、行動の無意識的な障害、記憶の間違い、健忘、症状行為などが挙げられる。これらの素材はたいていの場合、建設的観点よりも還元的観点においてより高い価値を持つ。それらはあまりに断片的で、意味のある理解には必要不可欠な、より長い文脈を欠いているのだ。

他には自発的なファンタジーを伴うものもある。たいていの場合、こうしたファンタジーは構成と関連性を比較的伴った形式で登場し、顕著な重要性を含んでいることが多い。いつでもファンタジーを生み出すことのできる能力を備えているという患者も少なくはない。このような人たちは批判的注意を排除するだけで、自由にファンタジーを「湧き上がらせる」ことができる。こうしたファンタジーを利用することは可能だが、残念ながらこの才能はありふれたものではない。ただし、特別な練習によってこの能力を育て、ファンタジーをこうして自由に形作ることのできる人の数を少なからず上昇させることなら可能だ。このトレーニングとは、何よりもまず系統だった練習の中で批判的注意を排除するということである。それによって空の意識が作り出され、この空の意識が準備の整ったファンタジーが湧き上がってくるのを促進するのである。当然ながらその際、リビドーを備給されたファンタジーの準備が実際に整っていることが前提となる。そしてもちろん、いつでもどこでもこれが当てはまるというわけではない。これに当てはまらない場合には、特別な措置が必要になる。

その特殊な方法について詳しく述べる前に、私はある個人的な感情に身を委ねずにはいられない。この感情は私に、読者が次のような疑問を感じていると告げているのだ。「そんなことを行って、いったい何のためになるのか。そうまでして無意識を引き上げなければならないのはなぜなのか。どのみち無意識は自力で、たいていは不愉快なあり方で表面化することがあるのだから、それで十分ではないのか。無意識を無理やり表面に引きずり出す必要などないのではないか。むしろ反対にファンタジーから無意識を汲み出し、それによって無効にすることが分析的治療の目標ではなかったのか」

ここでこうした懸念を少し詳しく吟味しておくのは無駄ではないだろう。無意識的内容を意識化するための方法は、新しく、見慣れないもの、そしておそらくは奇妙なもののようにも思われるであろうから。それゆえ最初に、こういった当然の異論とはしっかりと対決しておかなければならない。そうしておけば、前述した方法の説明に取りかかろうとする際に、こういった異論が妨げになることもないはずだ。

先に述べたとおり、意識的内容を補うためには無意識的内容が必要である。意識の態度にわずかしか「方向性」がない場合、無意識は完全に自発的に流れ込んでくることになる。たとえばプリミティヴな人々のように、意識の緊張が高次の水準に達しているわけではなさそうな人には、みなこれが当てはまる。こうした人々には、無意識に入り口を用意する特殊な措置など必要ない。加えて言うと、そもそもある意味ではどのようなときにも特殊な措置の必要性など存在しないのである。自らの無意識の側面を知ることが少ない人ほど、無意識からの影響を受けるものだからだ。しかし、その人が無意識からの影響のことを意識することはない。生に対する無意識の密かな寄与はいつでも、そして至るところに存在している。それはわざわざ求められる必要などないものなのである。求められているのは、私たちの行動の中にいままさに流れ込もうとしている無意識の内容を意識化するということだ。そうすることによって、無意識が密かに混入することや、その望ましくない結果が避けられるようになるのである。

きっとこう尋ねる人もいるのではないだろうか。「なぜ無意識に身を委ねてはいけないのか」と。この点に関してそれまで痛い目にあったことのない人であれば、当然ながら無意識をコントロールする機会を求めるはずもない。しかし、必要な経験をしたことのある人であれば、無意識をコントロールするためのものならば、単なる可能性でさえも歓迎するはずだ。方向性があるというのは意識的プロセスにとって無条件に必要なことである。しかしすでに見てきたとおり、それが一面性をもたらしてしまうというのは避けようがない。生体と同じように、心とはひとつの自己調整装置であり、それゆえに無意識の中には調整を施す反作用の用意がそのつど整っているのである。もしも意識的機能に方向性というものが存在していなかったらば、それとは反対の無意識の影響は難なく侵入できるということになってしまうだろう。しかし、まさにこの方向性があるということそのものが、無意識の影響を排除してしまっているのである。もちろんこのことによって反作用が押し殺されるというわけではなく、反作用はそれでもなお成立する。しかし、調整を施す反作用の影響は、批判的な注意と目的意識的な意志とによって排除されてしまう。反作用そのものが意識の方向にはそぐわないもののように思われるからだ。この点に関して言えば、文明人の心はもはや自己調整の装置などではなく、ある種の機械に喩えられるようなものになってしまっている。この機械の自動的な速度調整は、感度が低いせいで自己破損に至るまで自らの活動を進めてしまいかねない代物だが、その一方で一面的な方向づけを持つ恣意による干渉に屈しているのである。

無意識の反作用は押し殺されると、調整を施す影響力を失ってしまう。すると無意識は、意識的プロセスの方向に沿ってそれを加速させるように、そして強化するように作用しはじめる。まるで反作用が調整を施す影響力を、そしてそもそもエネルギーを失ってしまったかのようである。制止を加える反作用が起こらなくなるというだけではなく、反作用が意識的方向性のエネルギーに自らのエネルギーを加えているかのようにも思える状態が生じるのだ。もちろん、このことはさしあたり意識の意図の遂行を容易にしてくれる。しかし、それには制止が加わることがないので、全体を犠牲にして過度に突き進んでしまうようなことにもなりかねないのである。たとえば誰かが思い切った主張を立て、その際に反作用、すなわち適切な疑いを押し殺してしまう場合であれば、自らにとって不利に働くに至るまで、ますます自分の主張に固執するということになってしまう。

反作用が排除されることの容易さは心が解離する可能性の度合いに相当し、文明人の特徴として見られるような、本能の喪失へと導いていく。ただし、本来の力を備えた欲動は社会的適応を著しく困難にするものだという点で、それは必要なことでもある。少なくともそこで生じているのは欲動の実際の委縮ではなく、概して言えば持続する力が比較的強い、単なる教育の結果にすぎない。それが個人の重要な関心に役立つものでないならば、それほど固定化するようなことにもならないだろう。

日常的な臨床例について語るのではなく、ニーチェの事例について述べてみよう。それはたとえば『ツァラトゥストラかく語りき』において明らかになるものである。[iii]「高貴な」人の発見も、そして「もっとも醜い」人の発見も、無意識的調整に相当する。「高貴な」人はツァラトゥストラを昔ながらの平均的人間の領域へと引きずり降ろそうとしているし、「もっとも醜い」人に至っては反作用そのものの人格化だからだ。しかし、ツァラトゥストラの「モラルの獅子」はこれらすべての影響、とりわけ同情を「咆哮によって」再び無意識の洞穴の中へと帰してしまう。それによって調整を施す影響力は押し殺されてしまうが、無意識の秘かな反作用の方はそうではない。ニーチェの著作の中に、こうした反作用をはっきりと見て取ることができる。まず手始めに、ニーチェはヴァーグナーの中に敵を求めている。彼にとって、ヴァーグナーの『パルジファル』は許しがたいものなのだ。しかし、すぐにニーチェはキリスト教、特にある意味ではニーチェと似た境遇にあったパウロへと、すべての怒りを集中させていく。よく知られているとおり、精神病がニーチェにまっさきにもたらしたのは「十字架にかけられた者」や引き裂かれたザグレウス[iv]との同一化だった。このような破局をもって、反作用が表面に達してしまったのである。

また別の例となるのは、「ダニエル書」第四章が記録として残してくれた古典的な皇帝妄想の事例である。[v] ネブカドネザル王は権力の頂点に達した時、謙ることを学ばなければ不吉なことが起こると告げてくる夢を見た。ダニエルは専門家の名にふさわしいやり方でこの夢を解釈したが、王はまったく聞く耳を持たなかった。しかし、後の出来事はダニエルの解釈の正しさを明らかにしたのだった。ネブカドネザル王は調整を施す無意識的な影響力を押し殺した末に、精神病に陥ってしまったからである。精神病はまさに王が退けようとした反作用を含むものだった。地のあるじであった王は、獣になってしまったのである。

かつて知人の一人が私に、**山の頂から空へと足を踏み出す**という夢を見たと告げてきたことがあった。[vi] 私は彼に無意識の影響について多少の説明を行い、その人が大好きだった危険すぎる登山の計画を慎むようにと伝えた。けれども彼は私の言うことを笑い飛ばしてしまった。それから何カ月かしたころに彼は本当に空中へと足を踏み出し、墜落死してしまったというのがその結末だった。

これらのことはありとあらゆる水準において繰り返し生じ、それを経験した人を考え込ませることになる。調整を施す影響力がいかに見過ごされやすいものなのか、自覚させられることになるのだ。

それゆえ本来であれば、私たちの精神的および身体的健康には欠くことのできない無意識的調整のことを見過ごさないよう気を配るべきなのである。そうなると、自己観察と自己批判でなんとか間に合わせようとするというのが常だろう。しかし、単なる自己観察や知的な自己分析は、無意識との接触を確立する手段としては不十分なのである。嫌な経験を免れたままでいつづけることなど不可能だとは言え、あえてそうしたリスクを冒すことに対しては誰しも尻込みしてしまうものだ。嫌な経験を避けることのできる可能性をどこかで見つけたと思うときには、なおさらそうである。不愉快な物事をできるだけ避けようとするこの傾向は、至極真っ当なものだ。実際には多くの事例において、調整を施す影響力について知ることで、得るところのない手ひどい経験を避けることが可能になる。特別な魅力ではなく、人を疲弊させる葛藤をその特徴とするような、たくさんの回り道をする必要などない。回り道をしたり、間違いを犯したりするのは、未知の、そして未探究の土地だけで十分である。それに対して、自分が住んでいる土地の大通りで道を間違えるというのは、ただ単に腹立たしいだけのことだ。調整を施す要素について知れば、こういった事態を免れることが可能になる。となると、今度の問いは次のようなものになる。無意識を自由に認識する道のりや可能性とは、いったいどのようなものなのだろうか。

手元に自由に用いることのできるファンタジーの産物が存在しないのであれば、技巧による助けに頼らざるをえなくなる。このような助けが必要となるきっかけは、たいていの場合、気分の落ち込みやその他の気分状態の不調から生じる。こうした気分状態に、納得のいく理由を示すことはできない。

もちろん合理的な理由ならたくさんある。天気が悪いことだけでも理由としては十分だ。しかし、これらの理由のうちで説明として満足のいくものはひとつもない。こういった状態を因果論的に説明することで満足するのはたいてい第三者だけであり、さらにその第三者にとってもこれでは中途半端な説明にすぎないのである。第三者であれば、因果性を求める欲求がある程度満たされれば、それで満足する。事態がどこからやってきたのかさえわかれば、それで十分である。他者の抑うつの中に存在する要求を、第三者が感じることなどないからだ。しかし、当の本人が欲しいのは、どこからという問いに対する答えよりも、何のためにという問いや、どうすればそれを除去できるかという問いに対する答えの方であるはずだ。情動的障害の強さには価値がある。すなわち、適応が低下した状態を改善していくために本来であれば患者が自由に用いるべきエネルギーが、そこに存在しているのである。このような状態を抑圧したり、合理的に価値下げしたりしてみても、得られるものは何もない。

誤った場所にあるエネルギーを手にするための手続きの土台、あるいは出発点として用いられるのが、情動的状態である。気分状態の中へと無条件に沈み込み、浮かび上がってくるファンタジーやその他の連想をすべて文字にして書き留める。そうすることによって、気分状態をできるだけ意識化するのだ。ファンタジーには最大限自由な遊びの余地が許されなければならない。ただし、言ってみれば本題を逸れるかのようにしてどんどんと連想をしていき、それによって対象の、すなわち情動の範囲から離れていくということではない。このいわゆる「自由連想」は、主題から出発して何らかのコンプレクスへと辿り着くものではある。しかし、そのコンプレクスが情動と関連するものであり、情動の代理を務める遷移を表すものではないということを、自由連想から確認することはできない。ファンタジーを書き留めるという作業によって、気分変調の内容を何らかの方法でかなり具体的に、あるいは象徴的に描き出す、ある程度完全な気分の表現が生じる。この気分変調は意識によって作られたものではなく、無意識の側からの歓迎しがたい干渉を表すものなので、そこで仕上げられた表現は全体として気分変調の中に含まれていた無意識の内容や傾向の、言わばイメージなのである。この手続きは情動の一種の濃縮および明確化であり、それを通じて情動が内容を伴ったまま意識に近づいていく。情動は印象深いものに、そしてそれによって理解可能なものにもなっていく。この作業だけでも有益で活気を生むような影響をもたらすことがある。少なくともその際、それまで関係を持つことのなかった情動がある程度明確かつ言語化された表象となることによって、より正確に言えば意識の側の譲歩と協力のおかげで、新たな状況が創り出されることになる。それによって超越機能、すなわち無意識的データと意識的データとの協働が始まるのである。

他の方法でも、情動的な障害を知的に解明するとまでは言わなくとも、少なくとも目に見える形にすることは可能だ。絵心や画才のある患者であれば、絵を通じて情動に表現を与えることができる。その際に重要なのは、技術的あるいは美的に満足のいく表現かどうかではなく、ファンタジーに遊びの余地が保たれているかということだけである。あとはできる範囲でやればよい。原理的には、この手続きは先に述べたものと一致している。この場合も、無意識的かつ意識的な影響を受けた作品が創り出される。それは光を求める無意識の希求と、実体を求める意識の希求とを、共同作品の中で具現化するものなのである。

ところで、はっきりと把握可能な情動的変調などまったく存在せず、ぼんやりとしていて捉え難い全般的な不快感、あらゆる物事に対する抵抗感、ある種の退屈さ、はっきりしない性質の嫌な気分や説明しようのない虚しさといったものだけがあるという事例も少なくない。このような場合、特定の出発点は存在しない。出発点を作り出すのが先決となるだろう。ここではリビドーの特殊な内向が必要になる。そしてリビドーの内向とは、完全な安寧、とりわけただでさえリビドーが内向する傾向にある夜のような、外的な好条件によって支えられるものなのだろう。ニーチェがこう言うように。

「夜だ。すべての迸る泉は、いま声をたかめて語る。そしてわが魂も、迸る泉だ」[1]

批判的注意は排除されるべきである。視覚的な才に恵まれた人であれば、内的イメージが確立されることに期待を向けなければならない。すると入念に観察し、書き留めておくべき（おそらくは入眠時幻覚的な）ファンタジーのイメージが概して手に入る。聴覚的‐言語的な才に恵まれた人であれば、内的な言葉が聞こえるのが常だ。最初のうちは、一見したところでは無意味なものにしか思えない物事の断片だけだろう。しかし、それらも同じように入念に留めておくべきものなのである。この瞬間に「誰か」の明確な声を聞くという人もいる。自らの行為や行動に判定を下す、ある種の内的な批評家や裁判官を持つという人は少なくない。精神病患者にはこの声が騒々しい幻聴として聞こえる。しかし、ある程度発達した内的な生と共にあるならば、健康な人であっても耳では聞くことのできないこうした声を容易に再生することができる。ただし、こういった声は悪名高い厄介さと不従順さゆえに、必ずと言っていいほど抑圧されてしまう。こうした人たちにとっては、無意識的素材との関係を確立し、それによって超越機能の前提条件を確立するのは、もちろん難しいことではない。

　他にも、内的に何かを見聞きすることはできないが、手で無意識の内容を表現できるという人もいる。こうした患者たちは可塑性の素材を上手く用いる。[vii] 比較的珍しいが、運動の才に恵まれた人で、動作、たとえばダンスを通じて無意識を表現できるという人もいる。動作には留めておくことができないという欠点があるが、この欠点は動作を後で入念に写生し、それによって記憶から失われないようにすることで対処していかなければならない。それよりもさらに珍しいが同じくらい有益なのは、直接的な、もしくはプランシェット[viii]を用いた自動筆記である。この手続きも非常に有益な成果をもたらしてくれる。

　そうなると次の問いは、いま述べた方法のうちのいずれかによって得られた素材を、そこから先どうしていけばよいのかということになる。この問いに対しては、ア・プリオリな答えは存在しない。当面の、ただしあらゆる結果を決定する反応は、意識が無意識の産物に直面することによってはじめて生じるものだからだ。これに関する情報を与えてくれるのは臨床経験だけである。これまでの私の経験が及ぶ範囲で言えば、主に二つの異なる傾向が生じるようだ。すなわち、ひとつは造形の方向を進み、もうひとつは理解の方向を進む。

　造形の原理が優位な場合、得られた素材は変化させられ、また増やされる。その際、程度の差こそあれステレオタイプな象徴へのモティーフの一種の濃縮が生じ、この象徴は形になりつつあるファンタジーを活性化し、主に美的なモティーフとして働く。この傾向は芸術的造形という美学上の問題へとつながるものである。

これに対して理解の原理が優位な場合には、美的側面への関心は比較的少なく、そればかりか時には邪魔なものと感じられることもある。そういったことではなく、無意識の産物の意味内容との徹底的な対決が生じるのである。

表現の美的造形にはモティーフの形式的側面に固執する傾向がある。その一方で直観的理解の方は、入念に形にすれば目に見えるようになるはずの要素さえも考慮に含まないまま、素材の中の不十分な仄めかしにすぎないものからでも意味を捕まえようとしがちである。

いずれの方向性も恣意によって姿を現すものではなく、パーソナリティの個別的特性から生じるものである。いずれの方向性にもリスク、あるいは典型的な脇道や間違いがある。美的傾向の危険性とは形式を、あるいは生み出された造形の「芸術的」価値を、過大評価してしまうということだ。それによってリビドーは超越機能の本来の目標から逸れて、純粋に美的-芸術的な造形の問題という脇道の方へと向かってしまう。理解への意志の危険性は知的に分析、および解釈された内容的側面を過大評価してしまうということだ。それによって対象が持つ本質的な象徴的特徴が失われてしまうことになる。とは言うものの、そのときに優位な美的要求、もしくは知的要求を個別的に満たすためには、ある地点まではこうした脇道も進んでいかなければならない。ただし、いずれの脇道にもある危険性のことは強調しておいた方がよいだろう。すなわち心的発達のある地点からは、無意識から生み出された造形を過大評価してしまうのが常なのである。この過大評価が生じるのは、無意識の産物をそれまで同じくらい度を越して過小評価してきたからだ。過小評価は無意識的材料を形にしていく上での最大の障害のひとつである。それを機に、個人が生み出したものに対するもっぱら集合的な意味での価値下げが姿を現してくる。集合的図式にそぐわないものは何であれ、よいものでも美しいものでもないということになってしまう。現代芸術は確かにこの点で補償を行う試みになりはじめている。ただしここで欠けているのは、個人が生み出したものに対する集合的承認ではなく、それに対する主観的評価、すなわち主体にとっての意味内容と価値とを理解するということなのである。もちろん、自分が作り出したものへの劣等感が必ず見出されるというわけではない。それとは反対のこと、すなわち集合的承認を求める月並みな要求を伴う、浅はかで批判を欠いた過大評価もまた、けっして珍しいものではないのだ。当初は障害となっていた劣等感が克服されると、それが正反対にひっくり返されるという事態も容易に起こりうる。すなわち、当初の劣等感と同じくらい大きな過大評価が生じるのだ。これと反対の事例では、当初の過大評価が価値下げを行う懐疑主義へと転じることが多い。このような判断の誤りは、集合的価値で量ることしか知らない、あるいは自我インフレーションのせいでそもそも判断力を失ってしまっている、個人の非自主性、そして無意識性によるものなのである。

一方の道はもう一方の道を調整する原理であるらしい。どちらの道もお互いに対して補償的な関係にある。経験がこの定式の正しさを証明している。ひとまず現時点で一般的結論が成り立つ範囲で言えば、美的造形は意味の理解を必要とし、理解は美的造形を必要とするということだ。そうすることによって、どちらの傾向も超越機能に向けて補い合うのである。

どちらの道でも、最初の一歩は同じ原理に従う。すなわち、意識が無意識の内容に表現手段を貸し与えるのである。無意識の内容を意識の方向性に沿って捻じ曲げてしまうことのないように、意識はそれ以上のものを与えてはならない。心の中に浮かんできた無意識に左右される物事に、形式と内容に関してできるだけ案内を委ねなければならないのである。この状況は意識の観点の見合わせを意味し、それは苦痛を伴うものとして感じられる。無意識の内容が通常どのような形でその姿を現すものなのか、その様をありありと思い浮かべてみれば、このことは容易に理解されるはずだ。すなわち無意識の内容は、本質的にあまりにも微弱で意識の閾を通過できないもの、もしくはさまざまな理由で締め出される両立しえないもの、そのどちらかの物事として姿を現す。たいていの場合それらは、一部は歓迎しようのない、また一部は予想もしていなかった、非合理的な内容である。それらが無視されるのも、抑圧されるのも、容易に理解可能なことだろう。集合的観点から見て、もしくは主観的観点から見て、並外れた価値を有しているのはこうした内容のうちのごく一部だけである。ただし、集合的には価値のない内容でも、個別的観点から見れば重大な価値を持つこともある。この事実は情動的なアクセントを通じて明らかになる。主体がそれを肯定的なものと感じるのか、それとも否定的なものと感じるのかということは重要ではない。こうしたことに慣れた人たちの間であっても、自らの情動性を傷つけてしまいかねない、新たな、そして未知の考えを受け入れるにあたっては、心が揺れてしまうものだ。最初の手続きの目標は感情のアクセントを持つ内容を見つけ出すということである。

問題となるのはいつでも、意識の一面性が本能の領域の抵抗に突き当たる状況だからだ。

一方の道にとっては美的側面が決定的なものに、そしてもう一方の道にとっては知的－モラル的な側面が決定的なものとなる時点で、両者ははじめて根本的に道を分かつことになる。双方の可能性が規則正しく並行したり、リズミカルに交代したりするのであれば、それが理想的だろう。どちらの道も他方がなければまずありえないもののように思われるが、にもかかわらず経験上、次のようなことが生じる。すなわち、造形への意志は意味を犠牲にして対象そのものをつかみ取り、そして理解への意志の方は最初から造形のことなど気にも留めないのだ。無意識の内容はまずは明らかな形でその姿を現そうとする。これは造形によってのみ可能なことだ。そしてその後ではじめて、その供述がみな理解可能な場合であれば、判断が下されるのである。かつてフロイトが夢の内容を解釈する前に「自由連想」という形式で、言わばそれに供述をさせたのも、こうした理由からだった。

夢の内容の思考的コンテクストを明らかにするだけでは不十分な場合もある。目に見える造形にすることによって、不明瞭な内容を明確にする必要性が生じてくることも多い。これは図や絵に描くこと、彫塑することによって可能になる。理性が無益な苦労を重ねてきた秘密を解くための術《すべ》を、手が知っているということも多い。つまり造形を通じて、起きている状態でもう一度、そしてより詳しく夢を見るのである。すると当面の間は主体にとって無意識的なままだとは言え、当初は理解不能で無関係なただの偶然であったものが、パーソナリティ全体の領域の中に統合される。美的造形の方はそれでよしとしてしまって、意味を発見しようとすることは放棄してしまう。このことから、自分は

——もちろん世に埋もれた——芸術家だという妄想が患者に生じることがある。理解への意志は入念な造形を放棄して、心の中に浮かんできた生《なま》のままの物事から始めてしまい、それゆえに十分な基盤を欠くことになる。しかし、まずは形になった産物から始めた方が、若干とは言え成果の見込みが伴うだろう。原料となる素材の形が整っていなければ、その分だけ理解が経験的事象ではなく、理論的、およびモラル的な先入観によって決定されてしまう危険性が高まる。この段階で大切になる理解とは、もともと心の中に浮かんできていた物事に、仮説的には本来備わっていると思われる意味を組み立てていくということなのである。

こうした手続きが正当なあり方で行われるのは、それに対する十分な動機づけが存在する場合に限られるというのは明らかだ。無意識に案内を委ねることができるのは、無意識の中に案内しようという意思が生き生きとした形で存在する場合にかぎった話なのである。ただし、これは意識が何らかの意味で危機に瀕している場合にのみ当てはまる。無意識の内容を形にし、造形の意味を理解することに成功した場合には、次の問いが生じてくる。こうした状況に対して自我はどのような態度をとるのかということだ。これをもって自我と無意識との対決が始まる。これがこの手続きの第二の、そしてより重要な部分である。つまり、対立するものどうしを近づけて、第三のもの、すなわち超越機能を発生させ、確立するのだ。この段階では案内を引き受けるのはもはや無意識ではなく、自我の方である。

ここでは個人的自我を定義するのではなく、子ども時代からその存在が明らかだった、連続性のある意識の中心という平凡な真実でよしとしておこう。この自我に対して、ひとつの心的状況、主に無意識的な出来事に基づいて存在し、それゆえに自我とその傾向に対しては何らかの意味で対立関係にある産物が相対していくのである。

この観点は無意識とのあらゆる対決にとって本質的なものである。自我とは無意識と同じ価値を持つものだということを、心しておかなければならない。逆もまた然りだ。これは必要不可欠な警告である。文明人の意識が無意識に対して制限を加える影響を及ぼすのとまったく同じように、再びその存在を認められるようになった無意識は、自我に対してまさに危険な影響力を持っていることが多いからだ。自我がそれまで無意識を押し殺していたのと同じように、解放された無意識は自我を隅に追いやり、圧倒しかねないのである。その危険は、自我が「度を失う」、すなわち情動的要因の殺到に対して、それ以上自らの存在を守ることができなくなるという点にある。統合失調症の初期によく見出される状況だ。無意識との対決が情動の力動性を削ぐことができたならば、このような危険はもちろん存在しないか、あったとしてもごくわずかだろう。概して言うとこのことは、対立するものを美的に表現、あるいは知的に判断することを通じて試みられる。しかし、無意識との対決とは全面的なものでなければならない。超越機能に関わるのは、何らかの条件つきであれば進行可能な部分的プロセスではなく、全体的な出来事だからである。その中にはあらゆる側面が含まれている。あるいは――より適切に言えば――含まれるべきなのだ。したがって、この出来事全体の価値の中には情動が十分に組み込まれていなければならないのである。美的表現や知的判断が、脅威になりかねない情動に対する素晴らしい武器であるのは確かだ。しかし、それらは重大な脅威が問題となっている場合にのみ用いられるべきものであり、安易なやり方で義務から逃れるために用いてよいものではないのである。

フロイトの根本的な洞察のおかげでわかったことがある。それは、神経症の治療とは情動的要因の存在を全面的に考慮に含めなければならないものだということ、すなわちパーソナリティとは全体的なものとして真剣に受けとめなければならないものだということだ。これは患者と医師の双方にとって大切なことである。医師がどれだけ理論を盾にして身を護ろうとしてみても、自力で判断するしかない微妙な問題は残る。神経症の治療とはけっして心理学的な温泉ケアのようなものではなく、パーソナリティの刷新であり、それゆえに全面的、かつ生のあらゆる領域に介入するものなのである。対立するものとの対決とは重大な事態であり、じつに多くの物事がそれにかかっている。別の側面を真剣に受けとめるというのは、この対決の必須条件である。そうすることによってはじめて、調整を施す要因は行動に影響をもたらすことができる。真剣に受けとめるというのは文字通りに受けとめるという意味ではなく、無意識に十分な信頼を与えるということだ。それによって無意識に、自動的に意識の障害となるのではなく、意識と協力するという可能性が開かれるのである。

したがって対決の際には、自我の観点が正当なものとして認められるだけではなく、無意識にもそれに相応しい権威が与えられることになる。対決は確かに自我によって導かれるものではあるが、無意識にも発言は許されている――「別の言い分にも耳を傾けよ」[ix]。

こうした対決をどのように進めればよいのか。その方法をもっとも説明しやすいのは、ある程度はっきりと「他者」の声が聞かれる場合である。こうした人たちにとっては、「他者」の声を書き留め、自我の観点からその供述に答えるというのは、技術的にはじつに簡単なことなのだ。同等な権利を持つ二人の人物の間で対話が生じる場合と同じようなものである。このような対話の中では、誰もが他者にも妥当な論拠があると考え、それゆえに徹底的な比較や議論を通じて対立する観点を互いに同化すること、あるいはそれを明確に区別することに労を惜しんだりはしない。しかし、一致への道がすぐに開けるなどということはめったに起こらないので、双方の側に犠牲を強いる、長きにわたる葛藤を耐え抜かなければならないというのが通常だ。医師と患者の間にも、これと同じような対決が生じるかもしれない。その際、医師には「悪魔の代弁者[x]」の役回りが割り当てられやすい。

他者の言い分の論拠を正しいと認めることのできる能力は、人間のあらゆる共同体にとって必須の根本条件である。にもかかわらず、それが人間にとってどれほど難しいものなのか、見ていて驚かされるほどだ。自分自身との対決を目論むのであれば、この普遍的な困難のことを必ず考慮に含んでおかなければならない。他者を認めることができない分だけ、その人は自分自身の中にいる「他者」の存在権も認めることができない——逆もまた然りだ。内的な対話の能力は、外的な客観性のひとつの尺度なのである。

内的対話の場合であれば対決は明白なものと言っていいが、イメージ上の産物しか存在しないその他の場合には、対決は間違いなくより複雑なものとなるだろう。イメージ上の産物は、理解できる者にはそれそのものが雄弁な言語を伝えてくれるが、理解できない者にとっては言葉の通じない相手に等しいと思える存在なのである。このような造形に対しては、自我がイニシアティブをとってこう自問しなければならない。「この図は自分にどんな作用をもたらすものなのだろうか」と。このファウスト的な問いが、[xi]はっとさせられるような答えを引き出すこともある。答えが直接的で自然なものであるほど、その価値は増していく。直接的であること、そして自然なものであることは、反応が完全に近いということを請け負っているからだ。その際、対決そのものがあらゆる部分において意識されているということは、必ずしも絶対必要条件というわけではない。全体的な反応というものは、明確な理解を可能にしてくれるはずの精神的な前提、ものの見方、概念といったものを見出さないことが多いのである。このような場合にはそれらの代わりとなる、言葉にはならないが予感に満ちた感情でよしとしておかなければならない。このような感情には賢しげな戯言などよりもはるかに高い価値がある。

論拠と情動が行き来することは、対立するものどうしの間で超越機能が生じているということを表す。立場の対立は生き生きとした何か、すなわち第三のものを生み出すエネルギー的緊張を意味する。この第三のものとは「第三は存在せず」の原則[xii]に相当する論理的死産ではなく、対立するものどうしの間で生じた停止からの前進、存在の新たな段階、新たな状況をもたらす、生き生きとした誕生である。超越機能は対立するものどうしが接近し合うという特性をもって、その姿を現す。双方が互いに――もちろん葛藤を回避するためにだが――距離をとり合っているかぎり、超越機能は働かず、死に等しい停滞が続いていくのである。

対立するものが個々の事例においてどのような姿で現れたとしても、結局のところいつでも問題となるのは、一面性の中へと迷い込み、頑なになってしまった意識であり、それが本能的な全体性と解放性というイメージと直面させられるのだ。原始人やアルカイックな人々は、表面上は何の抑制も働かない欲動の世界と、誤解されがちな精神的なものの見方の世界とを共に兼ね備えた存在である。その彼らの眼差しこそが、私たちの一面性を補償し、また訂正しながら暗闇の中から姿を現し、いかに、そしてどこで私たちが基本設計から離れ、自らに心的な障害をもたらしてしまったのかを示してくれるものなのだ。

本稿では超越機能の外的形式と可能性とを描写することで満足しておかなければならない。きわめて重要なさらなる課題は、超越機能の内容を描写していくということだろう。これに関連する素材がすでに数多く存在しているというのは確かだが、それを描写する上でのあらゆる困難はいまだに取り除かれていない。こうした内容を理解可能な形で、また目に見える形で描写することを可能にする概念的基礎が作り出されるまでには、一連の準備作業がなお必要なのである。残念ながらこれまでの私の経験で言うと、学問的な素養のある人であっても、こうした心理学的な論述や描写を辿るのは概して難しい。過度に個人的な態度、あるいは哲学的－知的な先入観が必ず介入し、心理学的関連性をその意味に相応しい形で評価することの妨げとなってしまうのである。個人的な影響のもとにあると、人は自分には関係なさそうなことや知りたいとは思わないことは、何もかもありえないことだと説明してしまう。そうすることによって、判断は必ず主観的なものになる。自らに当てはまることも、別の心理をもつ別の人間には、場合によってはまったく当てはまらない場合があるということが理解できないと証明してしまうのだ。私たちはあらゆる場合に妥当性を持つような普遍的な説明図式からは、いまだ程遠いところにいるのである。

呈示された心理学的関連性が「真実のもの」なのか、あるいは「正しいもの」なのかを知りたがるという余計なお節介こそが、心理学的な合意を大いに妨げるもののひとつなのは明らかだ。表現が歪曲されていたり、それればかりか捏造されたものであれば話は別だが、そうではないのならば事態は実際にそうであるとおりに妥当であり、自らの存在によってその妥当性を証明しているのだ。カモノハシは神の意志による「真実の」あるいは「正しい」発明だろうか。これと同じくらい馬鹿げているのは、心という生の中で神話的前提が果たしている役割に対する偏見である。それらは「真実のもの」ではないのだから科学的説明には馴染まないはずだ――こんな風に言う人がいるのだ。神話素とは存在するものである。たとえ神話素が述べていると思しきことが、それと同じ尺度では測れない「真実」という私たちの概念とは一致することのないものなのだとしても。

対立する立場との対決とは全体的性質を持つものであり、それゆえにそこから締め出されるものは何もない。たとえごく一部しか意識されていなかったとしても、この議論にはあらゆる物事が関わっているのである。意識はそれまで無意識的だった内容と対峙することで、たえず拡張される。あるいは――より適切な言い方をすれば――そうした内容の統合のために労を惜しもうとしなければ、拡張されるはずだ。もちろん、いつでもこれが当てはまるというわけではない。こうした問題設定を理解するのに十分な知性があったとしても、勇気と自信がなお欠けていることがある。あるいは精神的に、もしくはモラル面で、あまりに怠惰であったり臆病であったりして、この労を引き受けられないということもある。しかし、必要な前提が存在する場合であれば、超越機能は心理療法的治療にとって価値ある補助手段となり、そればかりか過小評価すべきではない利点を患者にもたらしてくれるものでもあるのだ。その利点とは患者が医師の努力に自らの力で大いに協力するということ、そしてその分だけ、よくあるように自らを貶めるようなやり方で医師、および医師の能力に依存せずに済むということである。それは自分自身の努力によって自らを解放し、自分自身に対する勇気を見出すための、ひとつの道なのだ。

解題

横山 博・大塚紳一郎

膨大な数に及ぶユングの論文・著書の中で、心理療法の臨床実践に関するものは主に著作集（Gesamelte Werke/ Collected Works）の第一六巻に収録されている。「心理療法の実践」との表題を付された同巻は、私たち臨床家にとって特に重要な一冊だと言えるだろう。この著作集一六巻に収録された各論文のうち未邦訳だったものを中心に翻訳し、一冊の本としてまとめたのが本書である（「超越機能」のみ第八巻から訳出。これを本書に含めた理由については後述する）。

＊

大学を卒業したばかりの若き日のユングが精神科医としての仕事を最初に始めたのは、チューリッヒ大学付属精神科病院、通称「ブルクヘルツリ病院」でのことだった。先代院長のオーギュスト・フォレル、そしてその後継者オイゲン・ブロイラーという二人の偉大な精神科医の指揮のもと、当時すでに同院はヨーロッパ全土、さらにはアメリカにまで響き渡る名声を博していた。この病院はいくつものユニークな規則があることでも有名だった。患者だけではなく、全職員に厳命されていた絶対禁酒のルールはそのひとつだ（飲酒の習慣が精神疾患の原因のひとつだと考えられていた）。しかし、中でも特筆すべきなのは、職員が原則として院内に自室を持ち、患者と同じ場所で生活するというルールである。ユングもこれにしたがって院内に自室を持ち、そこで妻や子どもと共に生活を送っていた。治療者ができるだけ日常生活に近い状態で患者と接することを重視する、ある意味では非常に先進的な環境の中で、ユングも一人の精神科医として仕事をしていたのである。

　にもかかわらず、血気盛んな若き日のユングはブルクヘルツリでの仕事に不満も抱いていた。患者の言動を観察し、それに名前をつけて分類していくこと以外に、できることが何もなかったからだ。観察可能な言葉や行動を症状として記述していくこと、それ自体はもちろん重要である。特にまだまったくの未知の病であった統合失調症（早発性痴呆）の多種多様な症状を入念に観察し、ひとつの病として記述可能なものにするというのは、当時の精神医学の最重要課題だった。ブルクヘルツリ病院にてこの研究を主導したユングの上司のブロイラーが、統合失調症概念の祖として今日もなおその名を讃えられているのは、彼がこの分野においてもっとも体系だった理解をまとめ上げたからこそのことである。しかし、症状を記述すること自体には、もちろん病を癒す力などない。医師として、ユングはそれに飽き足らなかったのだ。

　当時、ブルクヘルツリ病院にある年老いた患者がいた。彼女はなんともう五〇年以上もそこに入院していて、あまりにも昔のことなので、入院当時のことを知るスタッフがもう誰もいないというありさまだった。彼女はほとんど寝たきりの状態だったが、時折、指を使って何かをすくい上げるような動きを繰り返していた。この不可思議な動作に関して、他の医師たちは「精神病特有の無意味な行為」との結論をとうの昔に出していたが、ユングだけはそれに納得しなかった。あるときベテランの看護師の話から、彼女がむかし靴を作る仕事をしていたということがわかった。どうやらこの動作は靴職人の手仕事と関連があるらしい。だとしても、なぜ彼女はいまもなおその動きを繰り返さなければならないのだろうか。ユングは毎日長い時間をかけて彼女と向き合い、その意味を探ろうとした。しかし、どうしてもそれを理解することができなかった。この奇妙な振る舞いの意味が明らかになったのは、患者が亡くなった後、患者の弟が来院して彼女の前半生について語ってくれたときのことである。彼女はある男性と結婚の約束をしていたが、何らかの理由でそれは破談になってしまった。婚約者の男性は、靴職人だった。患者が繰り返していた奇妙な仕草は、婚約者だった男性が靴を作るときの動作そのものだったのである。ユングはようやく理解した。そうすることで、彼女はかつての恋人の姿をいつまでも心に留めようとしていたのだ、と。

患者の行為や言葉に込められた意味を理解することの重要性を、ユングはすでに直観的に理解していた。そして患者を本当に理解するために必要なこうした取り組みのことを、ユングは「医学的心理学」、あるいは単に「心理学」と呼んだのである。

病棟を日々巡回し、患者を診察する通常の精神科医としての業務の他に、ユングにはもうひとつ重要な仕事が課せられていた。院内に設けられた心理学実験室での、いわゆる「言語連想実験」の研究である。この実験の手続きはじつに単純なものだ。実験者がある単語を言い、被験者はできるだけ早く、その単語から連想する言葉を述べる。これを一〇〇個の単語に対して行う。ただそれだけである。この実験方法自体はもともとフランシス・ゴールトンが考案し、ヴィルヘルム・ヴントらによって引き継がれた既存のものだったが、ユングの運用法はじつに独創的だった。ユングは被験者が何を述べたかだけではなく、それを述べるのにどれくらいの時間がかかったかに注目したのである。

自験例で説明してみよう。被験者は三〇代の女性である。彼女は「青」という単語から「海」という言葉を思いつく、この単純な連想をするのに、じつに二〇秒以上もの時間を要した。なぜそれほどまでに長い時間が必要だったのか。後の聞き取りによって明らかになったのは、次のようなことだった。じつは彼女は「青」という言葉から、彼女の兄が持っていた青い釣竿のことを思いついていた。それは釣り好きな兄が愛用していた高価なものだったが、あるときに彼と喧嘩になった際、彼女は怒りに任せてそれを捨ててしまった。兄は当然ながら激昂し、仲裁に入った母親にも激しい怒りをぶつけた。以来、兄は家族全体と絶縁状態となり、そのことでひどく悲しむ母親の様子、そして内心では深く愛していた兄との別離に、彼女は密かに心を痛めてきたのだった。兄の青い釣竿のことを思い出した際、彼女の心の中に、この一連の出来事が苦痛な情動を伴って蘇った。それがあまりに苦痛なものであるために、彼女は「釣竿」という連想を避けようとしたがうまくいかず、そこからさほどかけ離れたものではない「海」という言葉を口に出すまでに、あれほどの長い時間を要したのである。[ii]

このように私たちの通常の心の働きの妨げとなる、記憶・観念・イメージなどといったもののかたまりのことを、ユングは「情動（感情）にアクセントのあるコンプレクス」と名づけた。私たちの心の中に自分自身でも意識することの難しい内容が確かに存在しているということを、実験的に証明してみせたのである。ユングはこれらの「コンプレクス」が、さまざまな精神疾患と深い関係を持つのではないかと考え、ヒステリー、知的障害、そしてもちろん統合失調症の患者たちを被験者とし、実験結果を精力的に発表していった。

ユングによるこの一連の言語連想実験の研究成果をとりわけ歓迎した医師が、隣国オーストリーにいた。首都ヴィーンで新たな神経症理論、すなわち「精神分析」を提唱しはじめたばかりの、ジクムント・フロイトである。

一九〇六年から始まったユングとフロイトとの交流は、たったの七年たらずで破綻してしまうことになる。

しかし「私の出会った最初の真に重要な人物」[iii]との間で体験した濃密な交流とそれゆえの葛藤は、ユングの人生だけではなく、彼の心理療法論にも決定的な影響を残すことになった。

ユングはフロイトから何を学んだのか。端的に言うとそれは、無意識を探求しようとする、フロイトの執念である。一見すると無意味にしか思えない、統合失調症患者の奇妙な言動、強迫神経症患者の執拗な確認行為、ヒステリー患者の不可解な身体症状。これらには必ず意味があるが、その意味を患者自身さえ理解していない。無意識的にしか表現されることのない、それらの意味を理解していくことが精神の病の治療の鍵なのだ。フロイトはそう確信していた。この確信こそが、ユングにとって重要だったのである。ユングはここで初めて、患者の言動の意味を、すなわちそれらを通じて表されている心を、真に理解しようと努める医師と出会ったのだ。

患者の、ひいては人間の無意識を探求していく上で、フロイトがもっとも重視したのが夢の分析だった。たとえ夢のストーリーそのものは理解不能であっても、夢に登場するモティーフから思いつくことを本人にできるだけ自由に言葉にしてもらうことによって、夢の意味を明らかにしていく。いわゆる「自由連想法」である。フロイトはこの自由連想法を治療にも応用した。患者が自らの症状、記憶、イメージ、感情、そしてもちろん夢から、思いつくことをできるだけ自由に言葉にし、そして治療者がそれを解釈することによって、病の密かな原因となっていた無意識的要因を取り除くことができるというのが最初期の精神分析療法の理念である。ユングもその先駆者の一人として、この新たな治療法の実践に文字通り没頭していった。

ところが当初から、ユングはフロイトのある姿勢に疑問を抱いていた。それは人間の心の働きにおける性の役割の重視、もしくはそれへの固執である。たとえばフロイトの夢分析は、夢の要素に自由連想を行い、性的な何か（記憶、イメージ、観念など）に辿り着くと、そこで終了する。もっとも根源的な何かを探り当てたと判断されるからだ。もちろん、人間の心の営みにとって性はきわめて重要である。しかし、それは唯一無二のものなのだろうか。フロイトは芸術、文学、歴史的達成、文化、神話、そして宗教でさえも（歪曲された）性の表れだと言う。しかしそれらもまた性と同じくらい、人間の本質をなす根本的な何か、あるいはその表れなのではないだろうか。

ユングはこうした疑問をいったん封印する形で、偉大なる「父親」であるフロイトの「息子」としての立場を受け入れた。しかし、濃密な個人的関係の中での数え切れないほどの情動の嵐を経て、偉大な「父親」から「息子」が自立すべきときがやってきた。一九一二年に発表された論文「リビドーの変容と象徴」第二部において、ユングはそれがフロイトに受け入れられない内容であることをはっきりと自覚しながら、次のような見解を示したのである。リビドー、すなわち人間の心のエネルギーは、必ずしも根源において性的なものとは限らない。そしてこのリビドーそれそのものが変容していくことが、治療的効果、もしくは新たなパーソナリティの誕生をもたらすのだ、と。フロイトのものとは相容れない、ユング独自の心理療法論の始まりである。当然ながら、この論文の発表はユングとフロイトとの師弟関係・同盟関係の終結をも意味した。

ユングはフロイトとの決別後、凄まじいまでの精神的変調をきたし、かつそれを乗り越えていくという経験をしている。そしてその間も、医師としての仕事を継続し、日々患者に会いつづけていった。後世の私たちが「ユング心理学」あるいは「ユング派の心理療法」と呼ぶことになる、彼固有の心理療法論はこうした過程を経て、一歩ずつ形になっていったものなのである。

言わば「ユング以前のユング」の経験についての説明が少々長くなったかもしれない。しかし、この経緯にはどうしても触れざるをえなかった。精神科医として病棟の中で多くの時間を患者と共に過ごし、にもかかわらず患者の心を理解できずに苦しんだ経験。言語連想実験を通じて、人の心の無意識の領域に触れた経験。無意識の理解を治療に役立てることをフロイトから学び、やがてフロイトとは異なる理解に至った経験。そしてもちろん、生涯を通じて継続された患者との心理療法の経験。それらすべての経験を母体として、以後も長い時間をかけて少しずつ形になっていったのが「ユングの心理療法」なのである。このことはユングの心理療法論を考えるにあたって決定的に重要な点であるように、訳者には思われるのだ。

＊

本書が「はじめてのユング」だという読者の方もきっとおられると思う。そこで本書を読み進めるための最低限のガイドとして、ユングの心理療法の重要な特徴と考えられる点について、ここでいくつか触れておきたい。もちろんこれはユングの心理療法論全体、あるいは本書全体の要約ではなく、あくまで「見取り図」のようなものである。以下の三点について、順に述べていこう。（一）個別性の重視、（二）目的論的方法、（三）弁証法的過程。

第一に挙げておきたいのは、ユングの心理療法が徹底的に治療の個別性を重視するものだという点である。すべての患者／クライエントはそれぞれ異なる治療を必要としており、私たち心理療法家はその事例においてもっとも適切な治療はどのようなものか、常に個別的に判断していかなければならないということだ。

実際のところ、本書に収められた各論文から「意外だ」との印象を受けた方もおられるのではないだろうか。「アニマ」「影」などといった元型論の用語を患者の夢や絵に当てはめていったり、あるいは現実生活をまるで無視するかのようにして「イメージ」の世界ばかり取り扱っていくことが「ユング派の心理療法」だと思われていたならば、なおさら新鮮な驚きが得られるに違いない。本書には「アニマ」「アニムス」「影」などといった元型論の用語がほとんどと言っていいほど登場せず、夢や描画などといったいわゆる「イメージ」の解釈を延々と続ける場面もあまりないからだ。

もちろん、精神分析や認知行動療法などその他の心理療法と比べた際に、「イメージ」のリアリティを重視し、その体験を深めていくことがユング派の心理療法の特色だというのはまったく正しい。ところが、このようにあらかじめ固定化された「ユング派の心理療法」を否定するところから始まるのがユングの心理療法論だとさえ言えるのである。

たとえば本書の「心理療法実践の現実」の事例を取りあげてみよう。ちなみにユングはこの事例をさまざまな箇所[iv]で夢分析の一例として紹介しているが、治療そのものの過程がある程度詳しく記述されているのは、訳者の知るかぎりこの論文だけである。

ユングはこの事例の治療が恐ろしく困難なものであったと率直に述べている。患者の夢も症状もほとんど理解できないことに苦しみ、時には患者を非難し、さらにはほとんど治療を放棄しかけている「ユング先生」の姿は衝撃的ですらある。困難を極めたこの治療の転機となったのは、インドのクンダリニー・ヨーガの象徴性を参照する必要性を治療者が自覚したことだった。論文の後半に「シャクティ」や「マーヤー」などの耳慣れぬ用語が頻出するのはその表れである。とは言えユングは、クンダリニー・ヨーガが人間の心の秘密を解き明かす唯一絶対の、あるいは普遍的な真理だなどと主張しているわけではない。そうではなく、この女性が呈する不可思議としか言いようのない症状を理解するためには、彼女が幼少期を過ごしたインド諸島のローカルな文化に即した形での象徴性に関する知識が必要だというのが、大変な苦労の末に治療者が辿り着いた発見だったのである。つまり、それこそがこの患者の固有の生のあり方に即した個別的な治療であり、治療者がそれを治療の過程で発見することが鍵だったのだ。

治療の個別性を重視するがゆえに、ユングは他の治療論、たとえばフロイトやアードラーの心理療法を否定しない。より厳密に言うと、フロイトやアードラーの考えに基づく心理療法によって適切に治療される事例、あるいは彼らの理論に基づけば適切に理解することのできる心の側面が存在するという事実を、ユングは一人の臨床家として尊重しているのである。

これは今日の心理療法にとっても、きわめて重要な視点なのではないだろうか。心理療法の「学派」や「流派」がいまもなお複数、それも無数に存在することに対しては根強い批判があるからだ。異なる「学派」どうしの間で、お互いに対する無知が原因となって不毛な批判の応酬がなされることも、残念ながら珍しくない。たとえば精神分析やユング派は「エビデンス」がないので治療の舞台から去るべきだなどと批判されることがある。ところがじつに興味深いことに、近年になってこれらの領域でも積極的に取り組まれるようになった実証的研究から明らかになりつつあるのは、現代の精神分析療法やユング派の心理療法が、認知行動療法などと比較しても遜色ないほどの治療効果を持ち、それが実証可能だということなのだ。

現代の心理療法が統一した治療のあり方を提示できていないことに対しては、それを学問としての未成熟、科学的基盤の貧弱さの表れだとする批判もある。しかし、フロイトの時代から一〇〇年を経て、必要な淘汰は経験しつつも、いまもなお数多くの心理療法の種類が存在することに関しては、それとは異なる理解も可能である。人間の心とは、たったひとつの「〇〇療法」でそのすべてをカバーできるような代物ではないということだ。心には複数のリアリティがあり、それぞれのリアリティに触れるためには必然的に複数の心理療法が必要となる。治療の個別性を徹底的に重視するユングは、心というものが持つこうした複数のリアリティを最初に認識し、それを尊重した臨床家だったのである。

では次に、ユングの心理療法の第二の特徴として、目的論的方法もしくは建設的方法について述べていこう。

人間の心の働きにおける無意識の役割を重視し、神経症や精神病の治療にあたって無意識を理解することが必須だと考える点で、ユングはフロイトと完全に一致している。両者に違いが生まれるのは、無意識の見方、あるいはそれを扱う基本的な態度に関してだ。

ユングはフロイト、およびアードラーの方法論を「還元的」と表現している。神経症や精神病的な症状、言い間違いや聞き間違い、性格や生き方、そしてもちろん夢。このように無数にある無意識の表れを、フロイトであれば「性」、アードラーであれば「力への意志」というもっとも重要な何か、すなわちひとつの根源的本能に遡っていくという特徴があるからだ。無意識をこのように理解すること、それ自体は重要である。還元的な解釈が必要な患者、もしくはそれが必要な治療上の局面があるということを、ユングは積極的に認めている。しかし、それとは異なる理解のあり方が存在し、そちらが適切な場合もあるのではないか。この疑問がユングの出発点となった。

私たちが物事の意味を問う際には、いくつかの異なる答え方がありうる。アリストテレスは全部で四つの答え方を取りあげたそうだが、ユングはそのうちの一つ、すなわち作用因と目的因とを対比させた。作用因とは「何が原因で（warum/why）それが生じたのか」という問いに対する答えを探求していくやり方だ。たとえば夢の中に「ヘビ」というモティーフが登場した際に、それは偽装された性的内容であり、その人の中に根源的な性的欲求が存在し、かつそれが実現不可能であるからそのようにして表されたのだと考えるのが作用因の探求、すなわち還元的方法の一例である。ユングはこれをフロイトの方法論の特徴だとした。

還元的方法それ自体は重要な探求だが、それとは別の探求のあり方も少なくともそれと同じくらい重要なのではないか。ユングはそう考えた。目的因、すなわち「何のために（wozu/for what）それが生じたのか」という問いに対する答えを追求するやり方である。たとえば夢の中に同じく「ヘビ」が登場したとして、それが持つ印象、思い出、意味などといったものが夢を見た当の本人にどのような影響を及ぼしていくのかを探求する方法だ。ユングはこの目的因の探求、すなわち目的論的方法を自身の方法論の中心に据えた。

夢を分析する際、還元論的方法も目的論的方法も最初は同じ作業から開始する。その夢を見た本人に、夢の中のモティーフからの連想、つまり心の中に浮かび上がってくる物事を、できるだけ率直に述べてもらうのである。違いが生じるのは最後の部分だ。フロイトの還元論的方法、すなわち自由連想は、連想の果てに重要な何か、たいていは性に関わる何かに突き当たった時点で、夢の根源が明らかになったとされる。それを伝えると夢を見た本人の抵抗が働くが、治療者は本人がその内容を意識化するまで解釈を続ける（ワークスルー）。そしてついには症状が消失したところで分析が終了する。ユングがこれを「還元的」（reduktiv/reductive）と呼ぶのは、夢が持つ無限とも言える複雑性や不規則性を減らし、明確な意味を抽出するのに適した方法だからだ。この方法に基づく解釈に成功すれば、私たちはこのように言うことができる。「この夢の本当の意味は〜ということです」

これに対して、目的論的方法は夢の根源を明らかにするのではなく、夢のモティーフを象徴として扱うということを基本とする。ここで言う象徴とは「比較的未知の何かを表すのに最適と思われる、情動の喚起を伴う表現」と定義可能なもののことだ。夢の中に登場した何かはその夢を見た本人にとっても未知のもの、すなわち無意識の要素を含んでいる。そしてそれは恐怖、感動、畏敬、驚愕、あるいはその他の言葉にならないものを含めて、私たちの心を強く揺り動かす情動的体験である（「夢から覚めてもまだ心臓がどきどきしていた」というのはありふれた経験だろう）。それゆえ「夢の中のヘビは偽装されたペニスである」のような直線的な理解は退けられる。仮にそのヘビがペニスと実際に深い関連性を持っていたとしても、そのように理解することでそこに表されている可能性のあるその他の未知なるものを蔑ろにし、その情動的価値を損ねてしまうからだ。ユングはこのようなやり方を「記号論的理解」と呼んで、夢のモティーフを象徴として扱うこととは区別する。夢を目的論的に、すなわち象徴として扱うためには、夢に登場したモティーフから連想される思い出、印象、思考などを丁寧に書き出し、できれば信頼できる誰かにそれを語り、そして心に留めておくことで、意味が浮かび上がってくるのをじっくりと待たなければならない。夢分析の目的論的方法は「拡充法」（Amplifikation/amplification）と呼ばれることもあるが、「拡充」とはライブ会場などでマイクで拾った音をスピーカーを通じて大きな音にする、あの「アンプ」と同じ意味の言葉だ。イメージを膨らませながら、夢の意味が自ずと浮かび上ってくるのを待つのである。還元的方法とは対照的に、目的論的方法は夢が持つ多義性、つまり複数の意味がありうるという可能性を大切にする。したがって、目的論的方法に基づく介入の言葉はしばしば疑問形だ。「だとすると、この夢はあなたに何を伝えていることになりますか」

このように目的論的方法を重視するユングの心理療法論において、夢はきわめて重要な位置を占めている。しかし、象徴としてのイメージを体験する方法は必ずしも夢だけではない。さらに言うと、夢を目的論的に扱うのは困難なことが多い。睡眠中の出来事であるがゆえに意識の関与が少なく、それゆえ私たち（＝「自我」）は基本的にそれを受け取ることしかできないからだ。受け取りに失敗することも当然ありえる。そこでユングは、心のうちから浮かび上がってくる言葉や物語、絵や図、粘土や木材等を使った工作などといったものを、夢と同じく目的論的に扱うあり方を探求した。それが形になったのが、夢分析と並んでユング派独自のアプローチに数えられる、アクティヴ・イマジネーションである。

このアクティヴ・イマジネーションに関する歴史上最初の文献「超越機能」は、ユングの著作集の第八巻、したがって本書のその他の論文とは別の巻に収録されている。しかし、ユングの目的論的方法に関する最重要論文のひとつであること、現在の芸術療法や箱庭療法などの起源としても歴史的な価値のきわめて高いものだと考えられること、さらに言うとユング自身がこのアクティヴ・イマジネーションを通じた深い内省に没頭していたまさにその時期に書かれたものであることから、[vi] ユングの心理療法論には欠かせない一本だと考え、あえて本書に含めた次第である。

では最後に、ユングの心理療法の本質としての弁証法的過程について述べよう。「弁証法」とはいかにも哲学的な響きのする言葉だが、必要以上にかまえる必要はない。この言葉が意味しているのは、治療者と患者がそれぞれ異なる一人の人間としてお互いに向き合っているのだということ、そしてそのようにならざるをえない局面が心理療法にはあるのだということ、ただそれだけである。先にユングは治療の「個別性」を重視すると述べた。ただし、その選択肢の中からは「集合的」な解決策も排除されない。たとえば教会に行って率直な告解を行うことがその人の助けになるならば、ユングは迷うことなくそうするよう促す。あるいは教会ではなく、何らかのコミュニティや社会的活動への参加を勧めることもある。[vii] 心理療法による治療ではなく、精神科病院での入院治療を提案することもある。個別的に判断した結果、このように集合的な解決策が講じられることを、ユングは否定しない。

ここで重要になってくるのが、その人の「世界観」の問題である。その人が属している社会や共同体が大切にしているもの、あるいはそれらがけっして許さないものは何か。それらはかつてと同じ生き生きとした力を有しているのか。そもそも、その人が属することのできる何らかの集団は存在するのか。「世界観」を考慮するというのは、そうしたことを治療にあたって慎重に評価しなければならないということだ。特に重要なのはその人が持つ信仰である。たとえばカソリックの価値観がその患者にとっていまもなお生きた意味を持っているならば、その人をもっとも適切に助けることができるのは教会だろう。このような場合、ユングは患者を狭義の「心理療法」によって治療することにこだわらない。

しかし、患者が真の意味での信仰を持っていない場合、あるいは伝統的な価値観や文化から切り離された生き方をしている場合、このような集合的な解決法は不可能になる。手持ちのカードの中からその患者にふさわしいやり方を選ぶという意味での「個別的」な治療では対応しきれなくなるのだ。心理療法に弁証法的な過程が必要になるのはこのようなときである。ここでは文字通りの意味で一期一会としての「個別的」な心理療法が必要になる。治療の前ではなく、その過程において、その人にもっともふさわしいやり方が常に新たに創造されなければならない。それはあらかじめ抱かれた先入観としての理論や方法論を心理療法家が断念し、一人の個人としてもう一人の個人である患者と向き合うしかないような、重大な局面である。

ただし、これは「ありのままの自分で勝負」などというナイーヴな治療観ではない。むしろ反対に、このような局面は患者だけではなく、心理療法家にとっても試練そのものである。私たちは患者を心の底から憎むかもしれない。あるいは、その患者を救ってやれるのは世界に自分しかいないと感じ、治療者としての役割をかなぐり捨てて、まるで親や恋人になったかのようにして彼／彼女を守ろうとするかもしれない。反対に、自分がまったくの役立たずであり、治療者として患者と会う資格などないと、絶望の底に沈んでしまうかもしれない。あるいは、患者が表現する言葉やイメージに、計り知れないほどの価値がある真理が含まれていると確信するかもしれない。あるいはまた、患者は心理療法に真剣に取り組む気がないのではないかとか、自分のことを馬鹿にしているのではないかなどといった疑いに心を奪われ、治療者として機能できなくなるかもしれない。

治療者自身の心に生じるこのような体験のことを「逆転移」と呼ぶ。これが「逆転移」と呼ばれるのは、患者の「転移」に反応して生じるものだからだ。心理療法が進むにつれて、患者は必然的に自らの心の中の無意識の領域と接するようになる。そして、そのことは心理療法の関係そのものに影響を及ぼす。患者が治療者に向ける感情や態度に、無意識の要素が色濃く反映されるようになるのだ。この転移現象に最初に注目したのは、フロイトの不朽の功績である。フロイトはそれを、症状として表現されていた無意識の内容が、今度は治療者との関係性の中で表されるようになったのだと理解した（転移神経症）。したがって、この転移を生起させ、精神分析的な解釈によってそこに含まれる無意識的内容が明らかになれば神経症が治癒するというのが、フロイトのもともとの考えであった。[viii]

ユングはこれに異を唱える。その理由は第一に、転移とは自ずと生じるものであり、治療者が恣意的に生起させることのできるような代物ではないということ。そしてさらに重要な点として、この転移は症状の代理などではなく、本当の意味での個別的な治療、すなわち弁証法的な心理療法に本質的に伴う現象だということである。そしてこのような場合、患者の転移は心の深みに起源を持つものであるがゆえに、治療者自身の心の深み、すなわち無意識を言わば直接的に揺り動かす。それが逆転移である。無意識との対決を強いられるのは患者だけではない。治療者もまたそれと同じくらい真剣な対決を、自分自身の心との間に引き受けなければならないのだ。[ix]

ユングが本書の中で何度も、いわゆる教育分析について触れているのはそのためである。教育分析とは治療者自身が患者／クライエントとして、分析治療を経験することを意味する。この教育分析の経験を分析家養成の根幹としてきわめて重視するという点では、現代のユング派もフロイト派も完全に一致している。そして本文でユング自身が証言しているとおり、心理療法の歴史の中でこの教育分析の必要性を最初に認識し、それを提唱した臨床家こそ、他ならぬユングだったのである。もちろん、どれほど入念な教育分析をもってしても、治療者の無意識のすべてが組み尽くされるようなことにはならないだろう。しかし、心理療法において弁証法的過程が生じており、いまこそ正念場なのだと気がつくことのできる可能性を治療者に与えてくれる手段があるとすれば、それは徹底的な教育分析、すなわち治療者が自らの無意識の深みに触れる経験を持つこと以外にありえない。弁証法的な過程、あるいは深い水準での転移・逆転移関係とは、無意識の深みに由来するものであるがゆえに、それが生じていると自覚することそのものが治療上の難問なのである。

心理療法家のもとを訪れる患者はみな、心の傷つきを抱えた人である。それが深い傷つきであるとき、先に述べた逆転移という現象を通じて、言ってみれば心の傷はそれに触れようとする者の心までも傷つけてしまう力を持っている。患者の傷つきを真剣に理解しようとすればするほど、治療者はその患者との関わりの中で自分自身も傷つかざるをえなくなるのだ。患者の傷つきが深ければ深いほど、そして患者との関わりが深まっていくほどに、治療者の傷つきも深くなる。そのようなときに、治療者にできることはそれほど多くない。患者と共にただその傷つきを耐え忍ぶ以外にない、苦しい時間が続くだろう。これはもちろん患者と治療者双方にとって少なからぬ危険を伴う局面だが、両者が互いに一人の人間として向き合っているということ、すなわち心理療法に弁証法的過程が生じたことの表れでもある。教育分析の経験はこの必然的な傷つきを避けるためのものではなく、むしろ治療者が傷つきを受け入れ、かつそれに耐えることのできる力を育むためのものなのだ。

そして、もしも患者と治療者が共に傷つきを生き抜くことができたならば、その体験を通じて築かれたこれ以上ないほどの深い関わりから、時にまったく新たな何かが生まれてくることがある。それはたとえば、そこから先の生き方そのものを決定づけるような、心を直接的に動かしてしまう印象深い夢という形をとって現れるかもしれない。あるいは、身の回りの人々や物事が本来有する大いなる価値が、深い驚きを伴って発見されるかもしれない。患者でもなく治療者でもない、治療の過程で生まれたこの第三のもの、あるいは意識と無意識の対決の末に生まれた超越機能こそが、患者が本当に必要としていた深い変容をもたらす何かなのだ。ユングが弁証法的過程という言葉で述べているのは、患者と治療者双方にとっての試練の時と、そしてそれを経たがゆえの深い変容の体験が時として心理療法には必要不可欠となるという、厳しくも意義深い、私たちの心の現実のことなのである。

＊

本書に収められたユングの各論文は、ユングがフロイトと決別した直後のものから、晩年に近づいたころに書かれたものまで含む、かなり広い年代に跨っている。扱われているテーマも心理療法家の基本的態度、フロイトやアードラーの治療論との相違、社会と心理療法の関係など、じつに広範だ。そのため、以上に述べたことが読者にとって本書の見取り図の役割を果たしてくれれば幸いである。

ただし、見取り図はもちろん見取り図にすぎない。地図を眺めて空想を膨らませるのは楽しいものだが、それは実際にその地を歩む体験の代わりにはならないだろう。ぜひとも本文を楽しみながら、ユングの真剣な探求の痕跡をご自身で辿っていただければと思う。どうかよき旅を。

i　C. G. Jung. *The Introduction to Jungian Psychology: Notes of the Analytical Psychology given in 1925*, Princeton University Press: New Jersey, 1989.

ii　これは解説のために引用した例外的に単純な事例であって、いつでもこのような直接的な解釈が可能なわけではない。一〇〇個あるすべての連想に関して「コンプレクス指標」を算出し、それに基づいた解釈を行うため、かなり複雑な解釈のプロセスを要するのがむしろ通常である。

iii　『ユング自伝1 思い出、夢、夢想』（河合隼雄・藤縄昭・出井淑子訳、みすず書房、二一五頁）

iv 『分析心理学』（小川捷之訳、みすず書房）、「夢分析の臨床使用の可能性」（『ユング 夢分析論』横山博監訳・大塚紳一郎訳、みすず書房）、「マンダラ・シンボルについて」（『個性化とマンダラ』林道義訳、みすず書房）、『クンダリニー・ヨーガの心理学』（老松克博訳、創元社）など。

v Roesler, C. *Research in Analytical Psychology: Empirical Research*, Routledge: London, 2018.

vi この論文が発表されたのは一九五九年だが、実際に書かれたのは一九一六年までのことであり、この時期にユングが没頭していた内省の取り組みの表れが『赤の書』（河合俊雄ほか訳、創元社）である。

vii ユングが深刻なアルコール依存の男性の治療を断り、何らかのスピリチュアルな活動に参加するよう促したことが、AA（アルカホリクス・アノニマス）活動の始まりであったと、AAの創始者の一人である「ビル・W」は考えていた。以下を参照のこと。*Pass It On: The Story of Bill Wilson and How the A.A. Message Reached the World*, Alchoholics Anonymous World Service Inc.: New York, 1984

viii ただしこれはフロイトの転移論であって、転移に関する理解はポスト・フロイトの精神分析にあって大きな変化を遂げている。特にクライン－ビオン以降の対象関係論が強調する「投影同一化」の役割には、ここで述べたユングの転移・逆転移論と共通する点が多い。

ix 弁証法的過程としての心理療法における転移・逆転移の詳細については、すでに既訳のあるユングの以下の著作を参照のこと。『転移の心理学』（林道義・磯上恵子訳、みすず書房）、「臨床的心理療法の基本」（『心理療法論』林道義訳、みすず書房）

x ここで述べられている治療関係の中での「傷ついた治療者」元型の働きについては以下を参照のこと。C.J. Groesbeck, The Archetypal Image of the Wounded Healer, *The Journal of Analytical Psychology*, volume 20: issue 2, pp. 122-145, 1975
同論文には邦訳がないが、以下の文献で詳しく紹介されている。A・グッゲンビュール＝クレイグ『心理療法の光と影』（樋口和彦・安渓真一訳、創元社）、A・サミュエルズ『ユングとポストユンギアン』（村本詔司・村本邦子訳、創元社）

訳者あとがき

本書のタイトル『心理療法の実践』は、ユング著作集第一六巻の表題からそのまま拝借してきたものです。その名が示すとおり、私たち臨床家にとって特に重要なこの著作集第一六巻は、本書の出版によって収録されたすべての論文の邦訳が完了したことになります。訳者としてその責を果たせたことに、まずは安堵しています。

せっかくですので、著作集の第一六巻に収録されている全論文と、邦訳が収録されている書名のリストをここに付しておきましょう。

第一部　心理療法の全般的問題

一、「臨床的心理療法の基本」『心理療法論』林道義訳、みすず書房

二、「心理療法とは何か」本書

三、「現代の心理療法の諸側面」本書

四、「心理療法の目標」『心理療法論』林道義訳、みすず書房

五、「現代の心理療法の問題」本書

六、「心理療法と世界観」『心理療法論』林道義訳、みすず書房
七、「医学と心理療法」本書
八、「現代における心理療法」本書
九、「心理療法の根本問題」本書

第二部　心理療法の特殊な問題

一〇、「除反応の治療的価値」本書
一一、「夢分析の臨床使用の可能性」『ユング　夢分析論』横山博監訳、大塚紳一郎訳、みすず書房
一二、「転移の心理学」『転移の心理学』林道義・磯上恵子訳、みすず書房

付録（英語版のみ）

一三、「心理療法実践の現実」本書

今回は以上に加える形で、著作集八巻に収録されている「超越機能」も収録することにしました。ユングの心理療法を理解する上で絶対に欠くことのできない、最重要文献のひとつだと考えたからです。

なお、この「超越機能」、および「現代の心理療法の問題」の二本には以下の先行訳が存在します。今回、新たに訳出するにあたっていずれも参照し、多くのことを勉強させていただきました。先人の大切なお仕事に、訳者としてここに心からの御礼と敬意を表する次第です。

・「近代精神治療学の諸問題」『現代人のたましい　ユング著作集2』高橋義孝・江野専次郎訳、日本教文社

・「超越機能」『創造する無意識』松代洋一訳、朝日出版社

＊

本書に収めた各論文についての詳しい説明は必要ないと思います。各論文は著作集の掲載順に準じる形で収録してありますが、必ずしも前から順番に読む必要もありません。心の赴くままに、心理療法家ユングとの対話を楽しんでください。

ただし「心理療法実践の現実」という論文の訳出の経緯については、少々触れておきたい点があります。

これは英語版ユング著作集第一六巻に「付録」として収録されている論文、The Realities of Practical Psychotherapy を翻訳したものです。この論文はもともとドイツ語で行われた講演の原稿を英訳したものなので、本書に収めたのはそこからさらに重訳したものということになります。重訳はできるだけ避けるのが翻訳者に求められる最低限の良心というものですが、今回そうせざるをえなかったことには理由があります。この論文が、ドイツ語版著作集には収録されていないのです。つまり、ユングによるこの論文のオリジナル・テクストはそもそも公開されておらず、それを英訳したもののみが刊行されているのが現状ということになります。じつに困った話なのですが。

たとえ重訳であっても「ないよりはまし」とは言えるかもしれません。ただし重訳である以上、それは正確な翻訳とは言えないと私は思います（スイス人とイギリス人と日本人がそれぞれの母語を使って伝言ゲームをしているところを想像してみてください）。そこで私たちは英訳からの訳出が完了した後で、ユングの遺稿を管理しているスイス連邦工科大学チューリッヒ校（ＥＴＨ）のアーカイヴに、ユングの

ドイツ語のオリジナル・テクストを参照する許可を求めました。ちなみにETHはかつてユングが教鞭をとったことのある大学で、その縁でユングの遺稿を管理しているのだそうです。幸いにも申請は許可され、ユング本人によるタイプ原稿と手書き草稿（！）のコピーを入手できました。これを参照することで、全文にわたってオリジナル・テクストとのずれを修正する作業を施したものが、最終的に出来上がった本書の訳文です。残念ながら権利の都合でドイツ語原文から直接訳出することはできなかったのですが、重訳である以上避けることのできない原文とのずれは、この作業によって最小限に留めることができたと思います。

＊

さて、訳者の一人、大塚はユング派分析家の候補生として、現在ユングの母国スイスのチューリッヒに滞在しています。この旅にあたって、多くの仲間や友人から「なぜ……ユングなの？」と聞かれました。この……の部分に「いまどき」という心の声がわりとはっきり聞こえた気がするのですが、果たして気のせいでしょうか。

確かにユングの心理学を取り巻く環境は、ある意味ではひと昔よりもさらに厳しいものになっています。私が言っているのは、いわゆる「エビデンス」のことではありません。「解題」でも触れたとおり、心理療法の治療効果の実証的研究はユングの心理学や精神分析の領域でも近年では積極的に行われるようになってきました。認知行動療法など、長年この手の研究に熱心に取り組んできた領域に比べればまだまだ成果の蓄積は不十分ですが、その幸先はかなりよいものであるように思えます。

私がときどき考え込んでしまうのはそうしたことではなく、「個」というものの価値を徹底的に尊重するユングの心理学がこれほど複雑化した社会の中でも生き残っていけるのかという問いのことなのです。

ユングの心理学に社会への眼差しが欠けているということではありません。むしろその逆です。ユングのことを何やら仙人や世捨て人のように思っている方もおられるかもしれませんが、実際の彼は現実社会にも深い関心を注ぎつづけていました。本書に収めた「現代における心理療法」の後半、ユングが国家権力に対して容赦ない批判を浴びせている箇所を読みながら、現代の日本の社会情勢や政治家の顔が思い浮かんで、ついため息をもらしてしまったのはきっと私だけではないはずです。そういう意味では、ユングの心理学はまったく古びてなどおらず、むしろ現代にもそのまま通じるものだと言えるでしょう。もちろん、それはとても残念なことでもあるわけですが。

けれども私たちがいま生きている社会は、ユングの時代よりもさらに複雑なものになっているのではないでしょうか。「個」でいることがこれほどまでに困難な時代はかつてあったでしょうか。権力や政治の力はより複雑な、そしてより狡猾な形で、すべての人の心の中に埋め込まれ、私たちの生き方そのものに直接的な影響を及ぼしているように思えます。そのような世界の中でも、「個」とその変容を強調するユングの心理学の言葉に耳を傾けてもらうことは、果たして可能なのでしょうか。

チューリッヒで現地の分析家たちと話していて、ひとつ気がついたことがあります。それは彼らが「個性」「個性化」という言葉をとても頻繁に口にするということです。本当のことを言うと、当初私は「それってちょっと素朴すぎやしませんか?」と思っていました。けれども、深い確信をもって「個」について語る彼らとの対話を通じて、私はいま少しずつ考えを改めつつあります。「個」であることが難しい世界だからこそ、その中で「個」の意味を語ることが大切なのではないか、と。

私たちが自分自身の気持ちや意見だと思っているものは、実際には世の中の価値観、それどころか場合によっては政府や巨大資本によって代表される権力の意向そのものなのかもしれません。そしてそれを取り入れることによって――不気味なほど「空気を読む」ことに長けた存在になって――私たちは自分でも気がつかないままに、政治的、あるいは社会的な権力に奉仕しているのかもしれません。心理療法でさえも「個」ではなく、学校や病院、さらには社会や国家といった「集団」「全体」の役に立つことを求められる機会が多くなってきました。しかし、そのような世界だからこそ、「個」であることの大切さ、そしてその難しさを語りつづけてきたユングの心理学には特別な役割がある。そうは言えないでしょうか。

もちろん「個」を語ることそのものが、ユングが生きた時代よりもさらに困難になっているという現実を、私たちは軽視するべきではありません。ある意味ではユング本人に課せられたものよりもさらに大きな困難を、私たちは引き受けていかなければならないのです。

それでも、最晩年のユングによる次の言葉はいまもなお真実のひとかけらを含むものであるように、私には思えます。それと同時に、私たちに対する厳しい叱咤を。

「いかなる変化も必ずどこかで始まらなければならない。したがってそれを引き受け、やり抜くことになるのも、一人の個人なのである。変化は一人の個人と共に始まらなければならない。それは私たちの中の誰かのことかもしれないのだ」(「象徴と夢解釈」『ユング　夢分析論』二四八頁)

＊

本書の出版にあたっては多くの方からご協力を賜りました。

まずは本書の意義を理解し、出版を決断してくださったみすず書房、とりわけ編集部の田所俊介氏に御礼を申し上げます。前回の『ユング　夢分析論』に続き、田所氏に本書の編集を担当していただいたのは、私たちにとってまことに心強いことでした。

ＩＳＡＰ（International School of Analytical Psychology in Zürich）の仲間からも、さまざまな形でサポートやアシストがありました。特に校正作業中に生じた細かな疑問について丁寧な助言をくださったUrsula Ulmer先生、そして「解題」の執筆にあたってたくさんの勇気を与えてくれたMurray Stein先生に――お二人とも日本語は読めないのだけれど――心から御礼を申し上げます。

家族にも御礼を。放蕩息子の旅をいまもなお応援してくれている両親に、そして今回も作業を手伝ってくれた妻の晴美に。いつもありがとう。

最後に紗南へ。きみはお母さんのお腹の中にいたときに「たんたんたんたん」っていう不思議な音を聞いていただろう？　あれはね、この本ができていく音だったんだよ。

平成三〇年五月一日　チューリッヒ中央駅構内、ブラスリー・フェデラールにて

大塚紳一郎

初出一覧

心理療法とは何か

WAS IST PSYCHOTHERAPIE? *Schweizerische Ärztezeitung für Standesfragen* XVI/26 1935, p.335 ff.

現代の心理療法の諸側面

SOME ASPECTS OF MODERN PSYCHOTHERAPY. *Journal of State Medicine* (London), XXXVIII (1930).（1929年にチューリッヒで開催された公衆衛生協会の会議での英語講演）

現代の心理療法の問題

DIE PROBLEME DER MODERNEN PSYCHOTHERAPIE. *Schweizerischen Medizinischen Jahrbuch* 1929; *Seelenprobleme der Gegenwart,* 5. Aufl. 1950, p.1 ff.［Psychologische Abhandlungen III］

医学と心理療法

MEDIZIN UND PSYCHOTHERAPIE. *Bulletin der Schweizerischen Akademie der med.* Wissenschaften, Bd. I/5, pp.315-325.（1945年5月にチューリッヒで行われたスイス医学アカデミー評議会での講演）

現代における心理療法

DIE PSYCHOTHERAPIE IN DER GEGENWART. *Schweizerische Zeitschrift für Psychologie* 1945, Bd. IV/1; *Aufsätze zur Zeitgeschichte,* 1946, pp.25-56.（1941年にチューリッヒで開催されたスイス心理療法家集会での講演）

心理療法の根本問題

GRUNDFRAGEN DER PSYCHOTHERAPIE. *Dialectica* V/1, Neuchâtel 1951, pp.8-24.

除反応の治療的価値

THE THERAPEUTIC VALUE OF ABREACTION. *British Journal of Psychology* I, London 1921, p.13-22; *Contribution to Analytical Psychology,* London & New York 1928.（原文英語）

心理療法実践の現実

THE REALITIES OF PRACTICAL PSYCHOTHERAPY (1937). *The Collected Works of C. G. Jung,* volume 16, 2nd edition, New Jersey, 1966.（1937年5月28日にベルンで開催された第2回心理療法会議での講演. ドイツ語で行われたユングによる講演のオリジナル・テクスト（DIE WIRKLICHKEIT DER PSYCHOTHERAPEUTISCHEN PRAXIS）は現在刊行されていない）

超越機能

DIE TRANSZENDENTE FUNKTION. *Geist und werk. Aus der Werkstatt anser Autoren. zum 75. Geburtstag von Dr. Daniel Brody,* Zürich, 1958.（この論文のみ, ドイツ語版ユング著作集8巻に収録されたもの）

注

心理療法とは何か

訳注

i　ギリシャ神話の海神．トロイア戦争の最中，メネラオスに追われたプロテウスはヘビ，ライオン，流木など，さまざまな姿に化けて逃げていく．

現代の心理療法の諸側面

訳注

i　これはユングが時々用いている比喩表現で，フロイトの夢解釈における「顕在内容＝ファサード」という見方を批判する意図がある．尿検査で明らかになったアルブミンはアルブミンであって，（たとえば）糖を偽装した何かではない．それと同じく，夢の中に登場するさまざまなモティーフもそれそのものとして理解される必要がある，という意味．

ii　C. G. ユング『タイプ論』（林道義訳，みすず書房）

iii　ここで言う「観念論的」（idealistic）は，フロイトの「唯物論的」（materialistic）との対比で用いられている．物質と精神との関係において，後者を本質とする観点のことを指す．

iv　本能（instinct）の語源はラテン語の instinctus（刺激）で，これには in-（中で）-stinct（刺す）というニュアンスがある．

v　メトシェラは旧約聖書に登場する人物．ノアの祖先．ここでは先史時代のさらに先の祖先まで遡るという意味だろう．

現代の心理療法の問題

訳注

i　『ユング 夢分析論』の方針を踏襲し，本書では Psyche に「心」，Seele に「こころ」の訳をそれぞれ当てている．

ii　原文 *komplexen Psychologie*．「コンプレクス心理学」はユングが「分析心理学」とほぼ同じ意味で用いる用語．もちろん「コンプレクス」に関わる心理学という意味だが，ここでは，意識だけではなく無意識も視野に含めた総合的な心理（学），複雑な心理（学）と読むこともできる．

iii　ニーチェが晩年になって『悲劇の誕生』の内容を振り返って書き足した文章の中に，以下の一節がある．「当時，私がとらえることができたもの，それは恐怖すべきもの，危険なものであった．それは角をはやした問題，かならずしも雄牛というわけではないが，ともかくも，それは，ひとつの新しい問題であった」（西尾幹二訳，中公クラシックス，242 頁）

iv　たとえばシャーマンのイニシエーションなど．以下を参照のこと．M. エリアーデ『シャーマニズム 上』（堀一郎訳，ちくま学芸文庫）

v　本書では Affekt と Emotion を訳し分けずに，双方に「情動」の訳語を当てることにした．なお，ユングは『タイプ論』の中で，この二つの単語を同義語として用いると述べている．（『タイプ論』林道義訳，みすず書房，444 頁）

vi　「何もない空間（真空）は存在しない」というアリストテレスの説のこと．

vii　アリストテレスは，恐れや憐みといった日常生活では抑制されている感情が解き放たれることを悲劇の役割と見なし，それを「カタルシス」と呼んだ．転じて，オルフェウス教やピタゴラス派などの古代宗教において，「カタルシス」という言葉は魂の浄化，あるいは罪の浄化の意味で用いられることになった．一方，近代の心理療法における「カタルシス法」とは，（催眠技法もまじえて）無意識の内に沈んでいた記憶や感情といったイメージを想起することでヒステリー症状の治癒がもたらされるという，精神分析の原型となった治療法のことを指す．

viii　ドイツ語の erziehen（教育する）は，ziehen（引いて進む）という単語からの派生語だという意味．

ix　これはユングが時々用いる比喩表現で，私たちの心の中のトカゲやヘビと比較可能なような純粋に本能的・衝動的な部分のことを指している．人体の中の生命そのものの維持に関連する部位（たとえば間脳）は，人類以外の動物と多くの共通点を持ち，その意味で進化論的に古い部位と言われることがある．脳のより高次の部位（大脳皮質等）が障害されると，衝動的・攻撃的になったり，思考や記憶の障害が起こったりする場合がある．ユングはそういった現象のことを指して「私たちの心の中の冷血動物が動き始めたのだ」というような言い方をすることがある．たとえば以下を参照のこと．『ユング・コレクション 14 夢分析 II』（入江良平・細井直子訳，人文書院，374-6 頁）

x　ギリシャ神話のテセウスの物語に登場するエピソード．プロクルステスは旅人を歓迎してベッドを与えるが，体がベッドよりも大きければその人の足を切り落とし，小さければ体を無理やり引き伸ばしてしまう．

xi　übertragen/Übertragung は心理療法の分野ではもっぱら「転移」と訳されるが，もともとのドイツ語の語彙としては「放送する」「翻訳する」「コピーする」「伝染する」など，さまざまな用途で用いられる一般的な動詞／名

詞である．日本語の「うつす」とほぼ同じ範囲をカバーする言葉と考えてよい．

医学と心理療法

訳注

i　ブルクヘルツリ病院でユングが主導した「言語連想実験」のこと．以下を参照のこと．C. G. ユング『連想実験』（林道義訳，みすず書房）; C. G. ユング『ユング・コレクション7 診断学的連想研究』（高尾浩幸訳，人文書院）

ii　原文 ens per se．トマス・アクィナスによる用語．

現代における心理療法

1　周知のとおり，両親のイマーゴは一部では個人的に獲得された個人としての両親のイメージから，その他の部分はア・プリオリに，すなわち心の前意識的構造の中に存在する両親元型から成り立っている．

2　洗礼のこと．復活祭のミサにおける「泉の祝禱」の文言も参照のこと．

3　*Explorations in Personality.*

4　*Labyrinthus medicorum errantium,* Cap. : Theorica medica.

5　De ente Dei, p. 226

6　『心理学と錬金術』（GWⅫ）〔邦訳：池田紘一・鎌田道生訳，人文書院〕，『心理学と宗教』（GWⅪ）〔邦訳：村本詔司訳，人文書院〕を参照のこと．

7　HENRICUS KHUNRATH

8　ペスタロッツィは次のように述べている．「集団や群衆，そしてその欲求のために作られる，調整，措置，教育手段は，それがいかなる形式や形態のものに思われたとしても…けっして人間教育の主要事項ではない．無数の事例において，それらはまったく役に立たないか，まさに正反対の役割を果たす．本質的に私たちの種は顔と顔を突き合わせ，人間として心と心を向かい合わせることによってのみ育まれる．それは親密で，小さく，美と愛の中で，信頼と誠実の中で徐々に広がっていく仲間の中でのみ育まれるものなのである．人間性を目指す教育，すなわち人間教育とその手段は，その根源においては，そしてその本質において，永遠に個人と，個人にとって親密で緊密な，心と精神をつなぐような調整を，その主要事項とするものなのだ．それらが人間の群衆の関心事となることは永遠にない．それらが文明の関心事となることも永遠にない」（Pestalozzi, Johann Heinrich: *Ideen*, ttg. von Martin Hürlimann, 2ßde, Zürich 1927, p. 186）

9　「私たちの種の集合的存在はそれを文明化する（zivilisieren）のみであり，育む（kultivieren）ことはしない．

もしそれが真実でないならば，毎日こんなことを見ることはないはずではないか．群れになって結束する人間の群衆が大きくなり，この集団の法的に集中された権力の代表であるあらゆる官僚が持つ裁量権がより自由に，その力がより大きくなればなるほど，この人間の群衆と官僚の人間の個人の中にある人間的な心情が持つ神の優しさも姿を消し，彼らの中にある人間の本質が持つ真実の感受性のより深い基盤が同じくらい失われてしまっていることを集合的にひとつとなった人間は，もしもそれ以外の何ものでもなくなってしまったならば，文明の腐敗．深みに沈み，この腐敗の中で森の野人が求めるのと同じものを求めることになる」（前掲書 189 頁以降）

10　今から 100 年以上前に，今日とよく似た状況の中で，ペスタロッツィは次のように述べている．「人間という種は秩序をもたらす力なくしては，社会的に一体化したままでいることができない．文化の力は法と芸術によって，自主性と自由のうちに人間を個々人として一体化させる．文化を欠いた文明の力は暴力によって，自主性，自由，法，芸術といったものを考慮することなく，群衆として人間を一体化させる」（前掲書 186 頁）

訳注

i　この講演は第二次世界大戦の最中に行われている．

ii　もともとはヘラクレイトスに由来する用語で，万物が流転する中で生じる「逆流」のことを言う．ユングの心理学においては，意識の一面性が極まったときに生じる，重要だが危険を伴う無意識の補償作用を指す．

iii　原文ラテン語 vis a tergo．古い医学用語で，一般的には血液を心臓へと戻す静脈の働きのことを指している．意識に対する無意識の反作用，あるいは補償の働きのメタファーとして，ユングがしばしば用いる表現．

iv　Henry Murray．古典的な心理テストである TAT の開発者として有名．「マーレイ」と表記されることが多かったが，「マリー」の方が実際の発音に近いだろう．

v　アリストテレスのいわゆる「真空嫌悪説」のこと．

vi　原文ラテン語 lumen naturae.

vii　グリム童話『黄金の鳥』のモティーフ．

心理療法の根本問題

1　Über die Psychologie des Unbewusst 6. Aufl. 1948. p. 35ff.〔邦訳：『無意識の心理学』高橋義孝訳，人文書院〕

2　K. KERÉNYI, p. 84　〔邦訳：『医神アスクレピオス――生と死をめぐる神話の旅』岡田素之訳，白水社〕

3　Freud〔邦訳：「レオナルド・ダ・ヴィンチの幼年期の想い出」『フロイト

全集 11』高田珠樹訳，岩波書店〕

4 たとえば詩篇 147：3，ヨブ記 5：18〔訳注：それぞれ「主は心を打ち砕かれた者を癒し，彼らの傷を包む」「彼は傷つけ，包み，撃ち，またその手で癒される」の箇所〕.

5 元型という概念は，生物学における「行動パターン」の心理学的な特殊ケースのことだ．つまり，元型とは遺伝された表象などではなく，行動方法の問題なのである．

6 J. B. RHINE

訳注

i パラケルススはルネサンス期の医師，錬金術師，あるいは神秘主義的思想家．水銀化合物を用いた梅毒治療など，当時としては画期的な治療法を提唱し名声を博したが，一方でその生涯を通じて旅したヨーロッパ各地に残した奇人ぶりを示すエピソードでも有名．ユングはパラケルススの生誕 400 年を記念した講演を二度行っている．以下を参照のこと．C. G. ユング『パラケルスス論』（榎木真吉訳，みすず書房）

ii パーソナリティのタイプ論（いわゆる「ユングのタイプ論」）のことを指している．以下を参照のこと．C. G. ユング『タイプ論』（林道義訳，みすず書房）

iii インドに住むゾロアスター教徒のこと．

iv 医療の領域では既往歴やその問診の意味で「アナムネーゼ」という言葉を慣習的に用いるが，ここではソクラテス／プラトンの用語．魂に本来含まれた真の知識を想起する，というような意味．たとえば以下を参照のこと．プラトン『メノン――徳《アレテー》について』（渡辺邦夫訳，光文社）

v 「現代における心理療法」訳注 iii を参照のこと．

除反応の治療的価値

訳注

i アリストテレスが挙げた四原因のうちの一つ．「何が原因（動因）となってそれが生じたのか」という問いに対する答えに当たる．

ii 実際には箴言ではなく，マタイによる福音書（12 章 34 節）からの引用．

iii これはユングがフロイトとはじめて面会した際に，両者のあいだで交わされた会話の内容である．

心理療法実践の現実

1 英訳版著作集編者による注：ユングはこの事例を J. W. ハウアー教授のク

ンダリニー・ヨーガのセミナーでも議論している（関係者向けに出版，チューリッヒ，1932 秋，91 頁以降〔C. G. ユング著・S. シャムダサーニ編『クンダリニー・ヨーガの心理学』老松克博監訳，創元社〕．公刊されたユングの著作の中にも，この事例の特定の側面について言及されたものがある（以下の注を参照のこと）．

2　英訳版著作集編者による注：Cf. Two Essays on Analytical Psychology, par. 189.

3　英訳版著作集編者による注：この患者の絵の例は模写され，「マンダラの象徴性に関して」（“Concerning Mandala Symbolism,” figs. 7–9, and pars. 656ff）の中で論じられている．〔C. G. ユング『個性化とマンダラ』林道義訳，みすず書房，191–2 頁〕

4　英訳版著作集編者による注：オニアンスが示したとおり（The Origins of European Thought, pp. 26 ff.），ホメロスにおける phrèns とは肺のことである〔訳注：「ヘクトールは心の中に，次第を覚って，声を放つよう」『イーリアス』呉茂一訳，岩波書店，296 頁〕．

訳注

i　抗生物質が発見されるまで，梅毒の治療には水銀化合物が処方されることが一般的だった．

ii　陰部と肛門との中間の部分のこと．

iii　英訳版（CW）では ex-pressed．ユングによるドイツ語原稿では “auszudrücken”．ausdrücken には「表現する」という意味以外に，「（果実や果汁を）絞り出す」という意味がある．

iv　頭蓋骨の接合部で，新生児の段階ではまだ開いたままだが，成長にしたがい閉合する．

v　単一の夢ではなく，複数の夢からなる夢のシリーズを重視するというのは，ユングの夢分析の基本である．以下を参照のこと．『ユング 夢分析論』（横山博監訳・大塚紳一郎訳，みすず書房）

vi　Arthur Avalon (1919). *The Serpent Power: The Secrets of Tantric and Shaktic Yoga*. Luzac & Co., London. 未邦訳だが，同書の内容の簡単な要約と掲載された図版が以下に収録されている．C. A. マイヤー『意識 ユング心理学概説3』（河合隼雄監修・氏原寛訳，創元社，扉絵および 76–86 頁）

vii　「ムラーダーラ」「スヴァディシュターナ」等のクンダリニー・ヨーガの用語は，ユングのドイツ語原稿には含まれていない．英訳版編集者による追記だと思われる．

viii　「このサディズム肛門的な性的編成という形式は，ほとんど一生を通じて残ったままになり，大部分の性的活動に間断のない影響を及ぼしたりする可能性がある．サディズムの優勢，あるいは総排泄腔としての肛門領域の役割

があるため，この編成にはきわめて太古的な特徴が示されている」（S. フロイト「性理論のための三篇」（『フロイト全集6』岩波書店，渡邉俊之訳，255 頁）

ix いずれもドイツ語の慣用句表現で，前者は es liegt einem etwas schwer auf dem Magen，直訳すれば「胃に何か重たいものがある」．「胃がもたれる」や「気が重い」などのニュアンスになる．後者は es ist einem etwas über die Leber gekrochen．直訳すると「肝臓の上を何かに這われている（ようなものだ）」という意味．

x ドイツ語原稿では mit der Ammenmilch einst eingesogen．ここでは直訳したが，mit Muttermilch einsaugen（母乳と一緒に吸い込んだ＝幼いころから慣れ親しんだ）というドイツ語の比喩表現を踏まえている．

超越機能

1 『ツァラトゥストラかく語りき』「夜の歌」〔邦訳『ツァラトゥストラかく語りき』佐々木中訳，河出文庫，178 頁〕

訳注

i この「学生たち」とは，アメリカからやってきたジェイムズ・ヒルマンらのことであったらしい．J. M. シュピーゲルマン『能動的想像法』（河合隼雄他訳，創元社）を参照のこと．

ii ドイツ語の Funktion には「機能・作用」と「関数」の両方の意味がある．

iii 訳文の統一のために新たに訳し下ろしたが，その際に以下の訳を参考にさせていただいた．『ツァラトゥストラかく語りき』（佐々木中訳，河出文庫）

iv ギリシャ神話に登場する神で，ゼウスとペルセポネーの子．ティターン族によって囚われ，八つ裂きにされて殺されてしまう．ゼウスはティターン族への復讐を果たした後にザグレウスの心臓を取り戻し，心臓はその後に生まれたディオニュソスに受け継がれる．このことからザグレウスはディオニュソスとも同一視され，オルフェウス教の中心的な信仰のモティーフにもなった．

v 旧約聖書ダニエル書のネブカドネザル王の夢については，『ユング 夢分析論』（横山博監訳・大塚紳一郎訳，みすず書房）に収録した「夢心理学概論」，および「夢の本質について」も参照のこと．

vi この事例の詳細については，『ユング 夢分析論』（横山博監訳・大塚紳一郎訳，みすず書房）に収録した「夢分析の臨床使用の可能性」を参照のこと．

vii 粘土をイメージするのが一番よいだろう．現在でも粘土は心理療法・芸術療法で用いられることがある．たとえば以下を参照のこと．中井久夫『中井久夫著作集 1 巻 精神医学の経験 分裂病』（岩崎学術出版社）

viii 自動書記で用いられる道具.

ix 原文 audiatur et altera pars（ラテン語）. ローマ法の一節で, 裁判官は異なるすべての弁論を聞いた後でなければ判決を下してはならない, という意味.

x 原文 advocatus diaboli（ラテン語）. もとはカトリックの用語で, 列聖審問（新たに聖人とすべきかの審議）の際にあえてその人を徹底的に非難する役割のこと. 転じて, 議論の際に意図的に反論する役割を果たすこと.

xi 『ファウスト』第一部の「夜」の中の一場面で, ノストラダムスの書に地霊が描かれた図を見つけた際のファウストの独白. Wie anders wirkt diess Zeichen auf mich ein!（「おや, この図には, まるで違った力がある！」（小西悟訳, 本の泉社, 24 頁））

xii 排中律とも言う. 論理学の用語で, 命題 P に対して「P であるか, もしくは P でないか」のいずれでもない第三のものは認めないという原則のこと.

著者略歴

(Carl Gustav Jung, 1875-1961)

1875年，スイス北部のケスヴィルにて生まれる．バーゼル大学卒業後，ブルクヘルツリ病院のブロイラーのもとで言語連想実験の研究に従事．その後，フロイトの精神分析運動に参加し，フロイトの後継者と目されるほど，その中心人物として精力的に活動した．1913年にフロイトと決別．その後は独自の心理学の構築に専心し，「コンプレクス」「元型」「集合的無意識」「無意識の補償機能」「内向／外向」「個性化」などの独創的な理論を提唱していった．1961年死去．20世紀最大の心理学者の一人．著作はドイツ語ではヴァルター社から，英語ではプリンストン大学出版から，それぞれ全集が刊行されている．邦訳は以下の通り（一部）．『ユング自伝』『分析心理学』『タイプ論』『ヨブへの答え』『心理療法論』『個性化とマンダラ』『パラケルスス論』『連想実験』『転移の心理学』『ユング 夢分析論』（以上みすず書房）『無意識の心理』『自我と無意識の関係』『心理学と宗教』『アイオーン』『子どもの夢』『診断学的連想研究』『結合の神秘』『夢分析』（以上人文書院）『変容の象徴』（筑摩書房）『分裂病の心理』（青土社）『元型論』（紀伊國屋書店）．

監訳者略歴

横山博〈よこやま・ひろし〉1945年，石川県に生まれる．精神科医，臨床心理士．1970年京都大学医学部卒業．1984-5年，1988-9年，二度に分けてチューリッヒのユング研究所に留学，ユング派分析家の資格を取得．甲南大学名誉教授（在職は1995-2011年）．日本ユング派分析家協会会長（2001年-）．著書『神話のなかの女たち』（人文書院）『心理療法とこころの深層』（新曜社）『心理臨床の治療関係』（共著 金子書房）『心理療法』（編著 新曜社）『心理療法と超越性』（編著 人文書院）『物語の語るこころ』（創元社）．訳書　サールズ『逆転移 分裂病精神療法論集3』ユング『ユング 夢分析論』（以上みすず書房）ローゼン『うつ病を生き抜くために』（人文書院）．

訳者略歴

大塚紳一郎〈おおつか・しんいちろう〉1980年，東京都に生まれる．臨床心理士．2002年慶應義塾大学文学部卒．2009年甲南大学大学院人文科学研究科博士後期課程単位取得退学．現在，ISAP（チューリッヒ）在学．訳書　ランク『出生外傷』メツル／カークランド編『不健康は悪なのか』ユング『ユング 夢分析論』（いずれも共訳 みすず書房）フェレンツィ『精神分析への最後の貢献』（共訳 岩崎学術出版社）．

C. G. ユング
心理療法の実践
横山 博 監訳
大塚紳一郎 訳

2018 年 8 月 16 日　第 1 刷発行

発行所 株式会社 みすず書房
〒113-0033 東京都文京区本郷 2 丁目 20-7
電話 03-3814-0131（営業） 03-3815-9181（編集）
www.msz.co.jp

本文組版 キャップス
本文印刷所 三陽社
扉・表紙・カバー印刷所 リヒトプランニング
製本所 誠製本

ISBN 978-4-622-08704-5
［しんりりょうほうのじっせん］